欢迎走进神奇的思维导图世界

我们的思维导图辅导课

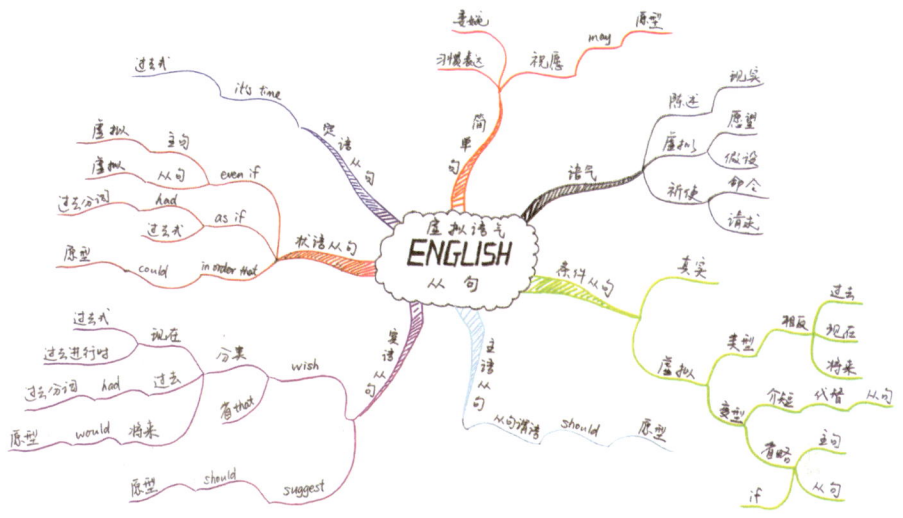

学生作品实拍：学生用思维导图做高三英语复习

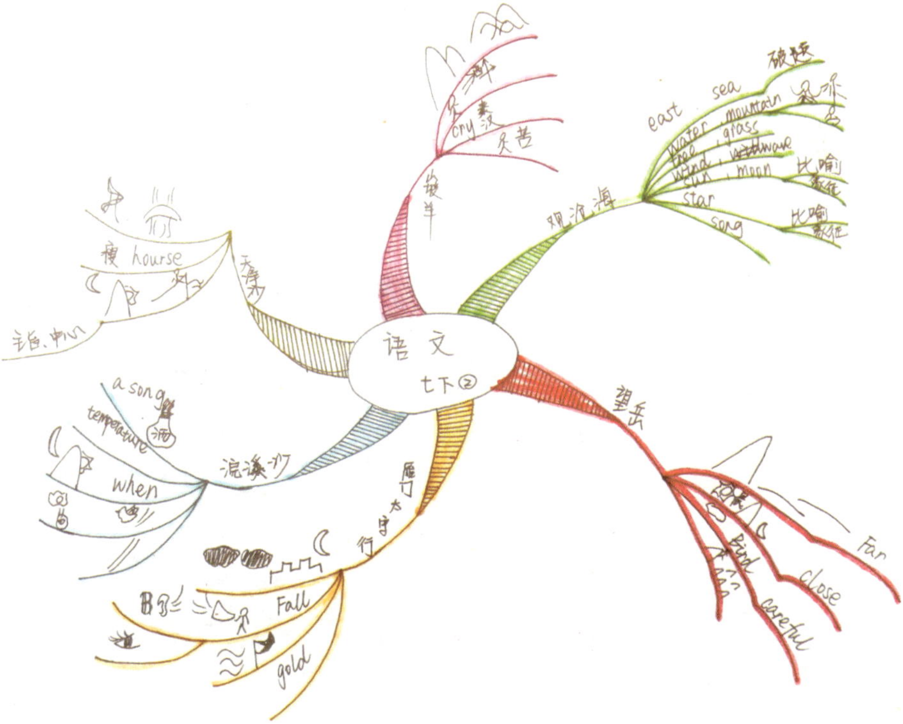

学生作品实拍：学生用思维导图记忆古诗词

红 黑 灰 绿 橙
白 黄 红 紫 蓝
绿 橙 紫 粉 红
蓝 红 白 黄 黑

你能准确地读出这些字的颜色吗

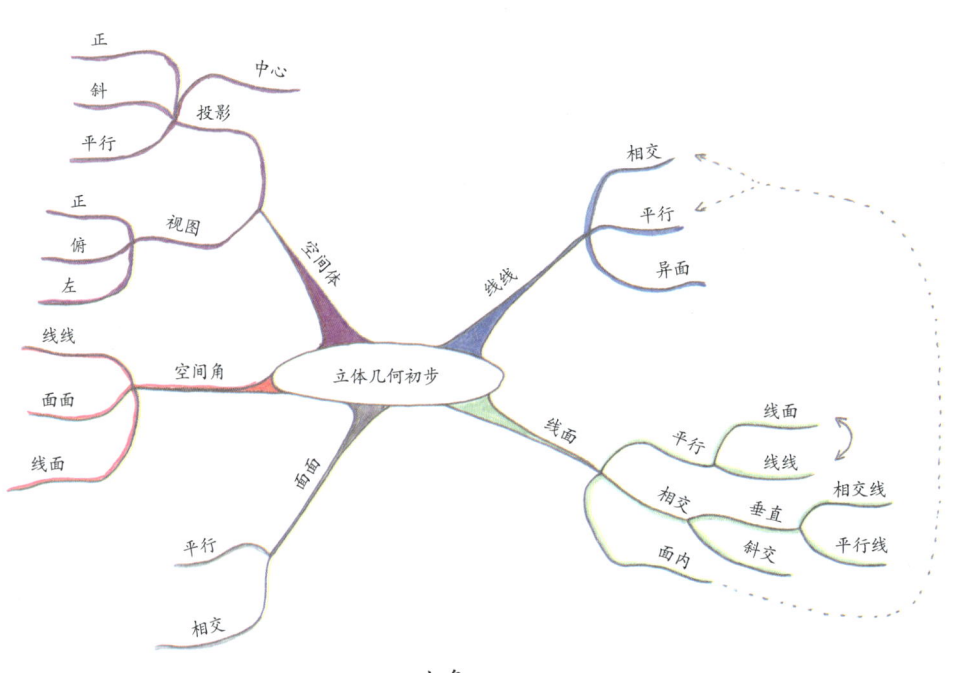

上色

崔宇 / 著

听崔宇讲
思维导图
MIND MAPPING

光明日报出版社

图书在版编目（CIP）数据

听崔宇讲思维导图/崔宇著．——
北京：光明日报出版社，2018.5
ISBN 978-7-5194-4203-3

Ⅰ．①听… Ⅱ．①崔… Ⅲ．①思维方法 Ⅳ．① B804

中国版本图书馆 CIP 数据核字（2018）第 098462 号

听崔宇讲思维导图
TING CUI YU JIANG SI WEI DAO TU

著　者：崔宇	
责任编辑：靳鹤琼	策　划：申楠
封面设计：娇子	责任校对：傅泉泽
插　图：思齐	责任印制：曹诤

出版发行：光明日报出版社
地　址：北京市西城区永安路 106 号，100050
电　话：010-67078258（咨询），010-63131930（邮购）
传　真：010-67078227，67078255
网　址：http://book.gmw.cn
E-mail：jinheqiong@gmw.cn
法律顾问：北京德恒律师事务所龚柳方律师
印　刷：三河市东兴印刷有限公司
装　订：三河市东兴印刷有限公司
本书如有破损、缺页、装订错误，请与本社联系调换，电话：010-67019571

开　本：150mm×220mm		印　张：14.25	
字　数：180 千字		插　图：64 幅	
版　次：2018 年 5 月第 1 版			
印　次：2019 年 9 月第 2 次印刷			
书　号：ISBN 978-7-5194-4203-3			
定　价：50.00 元			

版权所有　翻印必究

一场颠覆传统的思维革命

2017年是我从教以来最为忙碌的一年,忙到几乎没有属于自己的时间,开会、讲课、培训、写书、录节目……周而复始,无限循环。每天忙完,拖着疲惫的身躯回到家中,只想往床上一躺,然后什么事情都不再想。可每每打开手机,看到来自家长、孩子有关进步的反馈,我的内心似乎又充满了无限的能量。

7月,近40℃的烈火骄阳之下,连续4天讲课让我的身体严重脱水,加上长期"连轴转"的积劳,体重连着往下掉了16斤,一连几天都茶饭不思。虚弱的身体状态让我不得不选择停下来休息,好几个朋友知道这件事后,都特地到家来探望,并且告诫我:"腾不出时间休息,就一定会腾出时间来生病。"我当然明白这个道理,但一想到临时取消这么多课,会给很多家长、孩子带来不便,我的内心就充满了歉意。

在休息的几天时间里,有一件事情让我印象深刻。当时我正躺在床上休息,手机突然连着响了几下,打开微信一看,原来是一个孩子给我发来了他的思维导图作业。我点开图片,一张一张翻过,发现他每一张都画得很认真,而且超额完成了我规定的量。当时,我真的非常开心,因为我一直都特别喜欢这种认真、用心学习的孩子。所以,我当即给他回信鼓励:"你超额完成作业,让我感觉你真是用心了,病了几天,看到你的用功,我的病好了一半。"

学生的一次自主学习、一次主动思考,我有时会为这些小事暖心很久；相反，看到一些孩子自暴自弃，与父母、老师冷眼相对，我的内心又感到莫名心寒。说实话，我从来没有像今天这样，深切地感受到教育的重要意义。

天道酬勤，勤能补拙。20余年的教学时光过去了，许多当年听我讲课的孩子，如今都已事业有成、为人父母；有不少孩子成了政府部门的工作人员，以及企业中的高管、领导；一些曾经成绩平平的学生，如今早已迈出国门，成了世界学府中的学霸级人物，有的学生还进入了联合国工作；还有几名学生甚至把他们的孩子也带到了我的课堂上，这让我既惊喜又自豪，毕竟能让一个家庭中的两代人直接受益，是教育工作者的莫大殊荣。

教育的过程，本身也是教育者自我成长的过程。这些年，我到许多名校讲过课，如东北师范大学东安实验学校、长春市十一高中、吉林大学附属中学、江苏省南通中学、哈尔滨工业大学附属中学、太原市杏花岭区五一路小学，等等；也为不少企业组织过教育培训，比如百盛集团黑龙江分公司、太平保险长春分公司、阳光保险等。期间有幸和成千上万名教师进行了知识交流，与数十名中国顶级教育专家、优秀的企业管理者进行了深度探讨，一来自觉受益匪浅，二来也自信地认为自己劳有所得，为中国教育事业的发展尽了自己的一份绵薄之力。

春天绿，秋天黄，我们都在进步的路上。

有关"进步"的话题，我们炎黄子孙其实谈了几千年。从孔子的"学而时习之，不亦说乎"开始，我们就在讨论学习进步带来的快乐。今天的家长把孩子带到我这儿来做教育咨询，也都带着一个共同的目标——进步。不少家长都赞美过"别人家的孩子"，认为他们生来就爱学习、会学习，所以他们学得好、玩得好。其实，大多数的"天才"都是通过"后天进步"

而来的，是可以培养的；自己的孩子学习不好，往往都是"不得法"的结果。所以，但凡向我咨询这方面问题的家长，我都会告诉他们："天才的培育与成长，既在于方法，更在于观念；不完全靠勤奋，而主要靠思维。"当思维被一种科学的潜意识主导，被一种理性的观念左右时，人生的命运就会从此改变，生命的轨迹也势必会向着成功的方向延伸。每个人的一生，都应由自己来把握，而这把钥匙就是你的大脑思维。

教学期间我发现，每一个勤于耕耘的人，都可以学得很快、很好，能够达到个人思维的巅峰、获取自己想要的成功。最神奇的是，这种进步和个人的能力基础、所学知识的种类、经济条件的优越与否并不直接相关。这刚好印证了《礼记·学记》中的那句话："玉不琢，不成器；人不学，不知道。"只有努力付出，才能知道自己身上的可能性多么惊人。

到科学技术非常发达的今天，人类依旧无法完全解密神奇的大脑。我们的大脑就像一个沉睡的巨人，还有许多未知的能量在等待我们发掘。1974年，英国著名学者托尼·巴赞[①]发明的思维导图一经问世，便引发了巨大轰动，许多被认为有"学习障碍"的问题少年在接受了思维导图学习法后，都取得了显著进步。不少专家学者也对思维导图非常看好，认为这一概念的提出，让人类对大脑潜能的开发进入了一个全新的阶段。英国最具影响力的《泰晤士报》更是给予盛赞："托尼·巴赞让人类重新认识了大脑，如同斯蒂芬·霍金让人类重新认识了宇宙。"

作为21世纪全球革命性的思维工具、学习工具、管理工

[①]有的书也把他的名字译为"东尼·博赞"。

具，思维导图已经应用于生活和工作的各个方面。无论你是一名课业繁重的学生，还是各行各业中需要时刻充电的上班族，使用思维导图学习，都可以帮助你记忆、背诵、理解、记笔记、写报告、写论文、做演讲、考试、思考、集中注意力等，能成倍提高学习效率，增强思考的有效性和准确性，提升理解和记忆能力。

很多家长、学生都问过我一个问题，即思维导图的工作原理是什么。这涉及大脑以及思维导图的工作原理。简单地说，思维导图所要做的工作就是更加有序地将信息"放入"大脑，然后将信息从大脑中"快速取出"。它能够按照大脑本身的规律进行工作，使我们抛弃传统的线性思维模式，改用发散性的联想思维思考问题；帮助我们做出选择，组织自己和别人的思想，进行创造性的思维和脑力风暴，提升想象力；同时通过画图的方式，把形象思维与抽象思维很好地结合起来，激活大脑，不断释放大脑潜能。

学习是一个由浅入深的过程，在这个过程中，新知识会不断与之前掌握的旧知识相结合。很多人学到后面就"学不懂"了，这主要是新旧知识的结合没有做好，要么忘了旧知识，要么新旧知识混淆了，零零碎碎、不成体系。思维导图能让新旧知识连贯起来，在脑海中构建一个能联通、可扩展、够稳固的知识体系。所谓"举一反三""触类旁通"等，说的就是这个道理。多年来的实践证明，能亲手绘制思维导图并加以应用的人，都在享受快乐学习的过程。所以，不管你成绩好坏、学文学理、年纪大小，我都建议你使用思维导图辅助学习。

有关思维导图的具体内容，巴赞先生在其《思维导图宝典》一书中已经诠释得非常清楚，这本书也是市面上思维导图书籍中不可逾越的经典之作。重新编写这本书，除了系统讲述思维导图的知识，我还结合了教学辅导的经验与我个人的学习使用心得，有针对性地进行了扩展，解答了大家平时较为关注的几方面问题，如为什么我（家长）要跟孩子一起学习思维导图、怎样使用思维导图才能让孩子快速"涨分"、如何使用思维导图来减轻孩子的学习压力等。书中枚举的教学案例与图片均为真人真事，但出于对学生和家长隐私的保护，一律隐去了关键信息。最终的目的，是让大家能更好地把握导图学习过程中的重点、难点，同时规避误区，让整个学习变得简单而高效。

"长江后浪推前浪，世上新人赶旧人"，这句话出自被誉为明朝民间创作结晶的《增广贤文》，只不过今人更习惯将后句改为"前浪死在沙滩上"，更通俗、直白地表达了原文的主旨。新事物终究要取代旧事物。在科学技术迅猛发展、新问题层出不穷的新时代，刻苦努力是基础，思维独到才能找到出路。爱因斯坦也说过，想象力比知识更重要。我希望更多的孩子，能以更加有效的方式学习功课，把更多的时间解放给思维，让他们能立足于现在而赢在未来。

谨以此书抛砖引玉，希望能引发更多人士参与到思维导图的学习与研究中，也真诚希望更多的孩子、老师、家长能够在这场全新的思维革命中，启迪智慧、完善自我，获得受益一生的思维方式，开创更加精彩的人生！

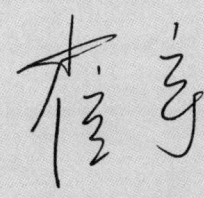

目录
CONTENTS

绪 论
我为什么力荐思维导图

荀子曾说过:"不闻不若闻之,闻之不若见之,见之不若知之,知之不若行之,学至于行之而止矣。"目前,听过思维导图的人多,用过思维导图的人少,因此我希望这种实用、好用、易用的工具能走进更多人的学习、工作、生活中,让更多的人成为思维导图的受益者。

没有什么难题是一张思维导图搞不定的,如果真有,那就再画一张。

短短50年,改变3亿人 <<< 002
1个月改变学习状态 <<< 005
实现完美家庭教育 <<< 009
全脑思考,迈向成功人生 <<< 013
我的梦想:让导图走进千家万户 <<< 016

第一篇
奇迹源于大脑

曾经有一种说法：如果把大脑比喻成一座冰山，一般人真正利用到的大脑资源还不到10%，相当于"冰山一角"，剩下90%的资源都被白白闲置了。虽然这一数据如今已被证伪，但却不能否认"大脑有大量潜能可以挖掘"的客观现实。人类铸就的一切奇迹，最终都来自大脑，思维导图存在的意义，就是通过一种全新的途径，将这份巨大的潜能唤醒。

第一章　大脑的世界：不可不知的"1234"　　020

"1"——创造奇迹的1000亿脑细胞 <<< 020

"2"——大相径庭的左、右脑 <<< 025

"3"——生成智慧的"三位一体"系统 <<< 027

"4"——辅助记忆的"四叶花开" <<< 030

第二章　思维导图：使用大脑的科学方法　　034

托尼·巴赞的困惑：大脑该如何使用 <<< 034

开发大脑，我们做得远远不够 <<< 037

常用右脑，唤醒潜能 <<< 038

第二篇
走进思维导图的世界

思维导图的世界,简约而精彩,多变却有序。其本身的适应性、包容力都非常强,适用于记忆、学习、创造等诸多领域,能把厚厚的一本书变成薄薄的一张纸。正是基于这种灵活多变、实用性强的特点,思维导图也被人们誉为"大脑的瑞士军刀"。

第三章　我的思维导图课　　　　　　　　　　　　044

绘制导图是与生俱来的能力 <<< 044

6步轻松绘导图 <<< 045

提炼准则:名动为主,形副为辅 <<< 055

把一本书变成一张纸 <<< 056

我更喜欢"手绘"导图 <<< 058

第四章　熟能生巧,一通百通　　　　　　　　　　063

我的1小时导图课 <<< 063

"导图高手"的8个好习惯 <<< 067

"听我多讲"不如"自己常画" <<< 069

第五章　人人都说导图好　　　　　　　　　　　　074

缓和家庭矛盾:心平气和聊学习 <<< 074

为厌学者燃起"希望之光" <<< 078

后进生如何"后来进步" <<< 081

让自卑者认为"我能" <<< 083

第三篇
思维导图学习法

思维导图问世半个多世纪以来,已经帮助数千万人解决了学习的难题。如今,哈佛、剑桥等世界名校的师生已将思维导图作为一种常用的教学与学习方法;新加坡、韩国等国家的中小学教材也吸纳了思维导图的内容。我国一些中小学也开始尝试在教学中使用思维导图,就我了解到的几所学校来看,效果都非常不错。我希望思维导图能够真正帮助到更多的孩子,让他们提高学习兴趣,减轻学习负担。

第六章 "得法"者,得高分   088

学习的真谛:不求法,不得法 <<< 088

教学的困局:常识不足,技巧有余 <<< 092

突破学习的"5道坎" <<< 096

氛围比方法更重要 <<< 100

传递5种给予,改变孩子命运 <<< 103

第七章 因"科"制宜,各个击破   109

生活是最好的语文课堂 <<< 109

学好英语需要"模仿" <<< 113

我不赞同数学"题海战" <<< 118

"3定"构建理科框架 <<< 120

"5W1H"让文科不用"背到死" <<< 123

第八章　培养事半功倍的习惯　　　　　　　　130

制订计划，导引学习 <<< 130

高效阅读：一眼找出重点 <<< 133

有趣实用的思维笔记 <<< 136

在课堂、讲座上边听边画 <<< 141

常用"目标板"，努力看得见 <<< 144

第四篇
画出完美人生

思维导图不仅是一种学习工具，也是人们工作、生活中的得力助手，其清晰的架构、强大的张力与包容力，能很好地适应不同领域的工作需求。长期使用思维导图，能够理顺思绪，让工作与生活变得井井有条；同时，大脑的潜能也可以得到有效开发，使创造力、记忆力等方面的能力得到强化，助力实现完美人生。

第九章　人人都有创造力　　　　　　　　　　150

灵感真的可遇不可求吗 <<< 150

发散思维，激活大脑 <<< 153

"速射导图"开启"头脑风暴" <<< 156

导图无极限，创意无边界 <<< 158

第十章　轻松开启记忆大门　　　　　　　　　162

形象思维：辅助记忆的神器 <<< 162

像收纳物品一样整理知识 <<< 165

找回"丢失"的记忆 <<< 169

第十一章　带着导图去工作　　　　　　　　173

了解自己才能有效工作 <<< 173

画一张"轻重缓急"的清单 <<< 175

理性决策，破除"选择困难症" <<< 177

第十二章　导图让生活更简单　　　　　　　　181

完善日常计划，提升生活品质 <<< 181

让脱稿演讲轻松自如 <<< 185

辅助写作：从答题到写书 <<< 186

像速记员一样做会议记录 <<< 189

导图日记：整理人生的新选择 <<< 190

附　录

附录一　思维导图学习问答 <<< 194

附录二　思维导图的"五轮备考法" <<< 201

附录三　用思维导图巧解主观题 <<< 204

附录四　用思维导图巧记单词 <<< 207

绪 论
我为什么力荐思维导图

　　荀子曾说过:"不闻不若闻之,闻之不若见之,见之不若知之,知之不若行之,学至于行之而止矣。"目前,听过思维导图的人多,用过思维导图的人少,因此我希望这种实用、好用、易用的工具能走进更多人的学习、工作、生活中,让更多的人成为思维导图的受益者。

　　没有什么难题是一张思维导图搞不定的,如果真有,那就再画一张。

短短50年，改变3亿人

思维导图是什么？很多人可能会援引方方面面的资料来回答这个问题。比如，它的英文名字叫Mind map，是一种充分运用左右脑特点，遵照记忆、阅读、思维等领域的规律，利用图形、颜色、关键词等与大脑神经细胞有机连接，促使人们在科学、艺术、逻辑思维、自由想象等方面均衡发展，从而使大脑潜能得到无限激发的一种图形思维工具。

这样的解释虽然科学，但比较生硬，如果是我来介绍，很可能会这么说：

大家平时有没有那种"一看到、听到、闻到……，就想到……"的体验呢？比如，一看到某个电影演员，你可能叫不出他的名字，但是你却记得他在影片中饰演过的角色，甚至还能脱口而出几句特别经典的台词、回想起几个印象特别深刻的场景，然而你却从没有像认真看书一样看过那部电影；一听到某首歌曲，你未必能记起演唱者的名字和全部的歌词，但高潮部分却总能哼出那么几句，而你也从来没有像背书那样专门记忆过；一闻到某种味道，如妈妈做菜时引得你垂涎欲滴的香味，就能让你大致判断出今晚要吃什么菜，甚至还可能回想起曾经吃这道菜时谈过的一些话、发生的一些事……这些场景或是突然发生，或者过于琐碎，我相信你不会去刻意记忆。

这些事情或许历历在目，或许只是稍微有点印象，但它们在脑海中就是挥之不去。只要相关的事情一出现，它们就能从"深深的脑海里"浮现出来，像是装了一个自动触发的按钮或开关一样。这些"一看到、听到、闻到……，就想到……"的体验之所以能出现，其实都和我们的

图0-1 思维导图能帮我们做什么

大脑机能有关，思维导图就是要为这些机能装上"开关"，充分利用它们的特性来辅助、提升记忆效果，让工作、学习变得更有效率。

我们可以再联想一下生活中的所见所闻。

读书时，总有这样一批同学：他们背课文又快又准，下课从来不在教室里做题，晚上基本不熬夜学习，周末该怎么玩就怎么玩，结果学习成绩还特别优秀，你甚至一度想知道，他们的大脑构造是不是跟别人不一样。

工作时，总有这样一批同事：他们处理工作上的麻烦事手脚利落，干什么都能得到老板的喜爱，平时和周末基本不加班，假期生活过得丰富多彩，工资收入也比常人高出一截，仿佛上天为他们的一切都开了"绿灯"。

你也一定从书本、新闻报道、电视节目中见过"神一样的人物"，在你看来难如登天的事情，他们却不费吹灰之力就完成了，如10秒内口算出7位数与7位数的乘法，1分钟内完成数独标准题，20天拿下英语六级考试全部词汇，1年半学完高中3年的课程，3年精通4门外语……你无法说服自己，这些事情居然都是真的。

我想说，造就以上这些神奇的，除了智商与运气等先天因素，还有可能是他们掌握了一种科学的学习方法，思维导图就是众多方法中的一种。我们不妨来看一组数据。

截至2018年，思维导图创始人托尼·巴赞先生的导图类书籍已被翻译成数十种语言，传播到了六大洲，在全世界的销售量已经突破1000万册；全世界已经有2000多家跨国企业使用思维导图进行思考与管理，其中包括微软、惠普、IBM等知名企业；世界上已有上万所大、中、小学校使用思维导图法教学与学习，其中包括哈佛大学、剑桥大学等世界名校；全世界有约3亿人正在使用，或已经用过思维导图，他们的学习成绩、工作业绩与生活质量都有了明显提升。

此外，还有下面这样一些事实存在。

"世界股神"巴菲特一直在用思维导图分析全球股市的动态和上市公司的股权结构；"亚洲富豪"孙正义因为运用思维导图而看到了互联网的价值；造就微软帝国的Windows操作系统是比尔·盖茨以思维导图的思想开发出来的；世界著名的波音747客机是利用思维导图被迅速设计出来的……

这种神奇的工具问世已经有半个多世纪，进入中国也有30多年了。我讲思维导图讲了20余年，当年听我讲课的孩子们现在已经成为企业管理人、销售精英、骨干老师、优秀留学生……有关思维导图的神奇，无须我再用数据、例子逐一罗列。"用过的人都说好用，学会的人都说简单"，这就是最真实的思维导图。

希望通过这本书，我能让大家学会使用思维导图，并且切实感受到思维导图的神奇。

1个月改变学习状态

2016年10月9日清早，我坐火车来到北京，准备开始新一天的工作。

入秋的北京，清晨已有些微凉，走出暖和的车厢，迎面而来的一阵秋风居然让我这个北方人冷不丁地打了个寒战。于是，坐车来到市区之后，我以最快的速度冲进了街边的一家麦当劳。我其实应该少吃汉堡，但当时一来冷，二来饿，大清早的东直门也没有其他选择，因此也就顾不得那么多了。

我找了个相对安静的角落坐了下来。想着距离正式开始工作还有一个半小时，便从包里拿出了著名作家、宁夏回族自治区文联主席郭文斌老师相赠的《醒来》一书，准备再好好翻一翻。这几天看《醒来》，我的内心平静了许多，但接下来发生的小事情，却让我的心中再度起了涟漪。刚拿起早餐，手机的微信提示声已经响了五六下。我打开手机，发现一位家长给我发来了一长串语音消息。

可怜天下父母心！一个本该好好享用早餐的时段，一个本可以在镜子面前梳妆打扮的时段，或者说，在一个本可以继续留在被窝里温存的时段，一位母亲已经在为她孩子的学习问题发愁了。

这位母亲是一家企业的高管，3个月之前，我们在一堂培训课上相识。她的孩子在一所重点学校上高二，初中时成绩还不错；但进入高中后，孩子的成绩却开始慢慢下滑，一个学年下来，居然到了跟班吃力的地步，平均成绩也由初中的名列前茅后退到了班级三十名以外。

分科之后，孩子虽然如愿进入了理科班，但各科成绩平平，必修的语文、英语成了最大的短板。为了孩子的学习，这位母亲暑假给孩子报了补习班、请了家教；周末休息时，她更是亲自陪着孩子早上看书、下午补习；原本和朋友约定的中欧之旅也被迫取消了，只想着尽自己的最大努力照顾孩子，好让他在高二的第一次月考中取得进步。

然而，月考成绩出来之后，孩子的成绩虽然稍有提升，但依旧算不上理想。一个暑假的补习换来了稍许进步，但已把家长和孩子都弄得非常疲惫，孩子的学习状态下滑了不少，甚至有了明显的焦躁、厌学迹象，母子二人不管聊什么话题，都经常"一聊就炸"，聊不到几句就开始吵架，整个家庭的氛围也变得凝重起来。

这位母亲的遭遇，可以说是如今诸多家长的真实写照。我粗略地统计了一下2016年9月间，家长通过电话、微信、邮件向我咨询的问题，其中成绩不理想、厌学等孩子学习方面的问题占到了73个，占比超过70%。其他月份我没有逐一统计，但在我的印象中，学习问题一直都是咨询的热点。这就是今天中国学生的学习现状。

我跟不少孩子交流过，他们都认为自己学习非常努力，经常"学到很晚""饭都顾不上吃""觉睡不饱"……当我让他们讲讲自己的学习方法时,十个人里面大概只有一两个人能简单地讲一讲自己预习、学习、复习的过程,能系统讲述的就更少了。当然,其中有一个原因是,那些成绩好、有方法的学生,没有前来咨询。我衷心地希望成绩好、有方法的学生越来越多,这样我们的父母才能真正地松一口气,可爱的孩子们才能真正体验到"快乐学习"的滋味。

然而,事实并非如此,很多孩子进入小学之后就面临着学习问题的困扰。小学课程简单,课业量小,通过努力记忆等方法也能很容易达到"涨分"的效果,但这种方式并不能很好地解决中学阶段的学习问题。很多孩子进入中学之后成绩迅速下降,最根本的原因往往不是学习不努力,而是从小养成的学习习惯不科学。今天我想做的,就是给莘莘学子,以及为孩子操碎心的父母们提供一种可能有效的解决方法。

我给前文那位母亲的建议,就是让她和孩子一块儿画思维导图。为什么让她和孩子"一块儿",而不是让孩子自己学,这个内容我在后文会详细提到。因为这不仅仅关乎提升成绩的"术",更关乎孩子学习与家庭教育的"道"。

此时,手边的咖啡早已凉透,但我的内心却非常温暖。手机屏幕上发来的信息,字里行间虽然都透露着急迫与无奈,但我却分明能感受到一位母亲对孩子最纯真而质朴的爱。

1个多月之后,我收到了这位母亲的第一次反馈。这次,她的语言明显要平和一些。她告诉我,孩子的成绩虽然没有明显的起色,但学习状态好了很多,特别是对英语、语文两门短板学科不再抵触。等我再次收到反馈时,已经是期末考试之后的事情了。这位母亲告诉我,她的孩子学习进步明显,特别是英语,以往只能考90分左右,这次考了116分,在班上的总分名次也前进了11名。我告诉她,坚持就是胜利,孩子一定能取得更好的成绩。

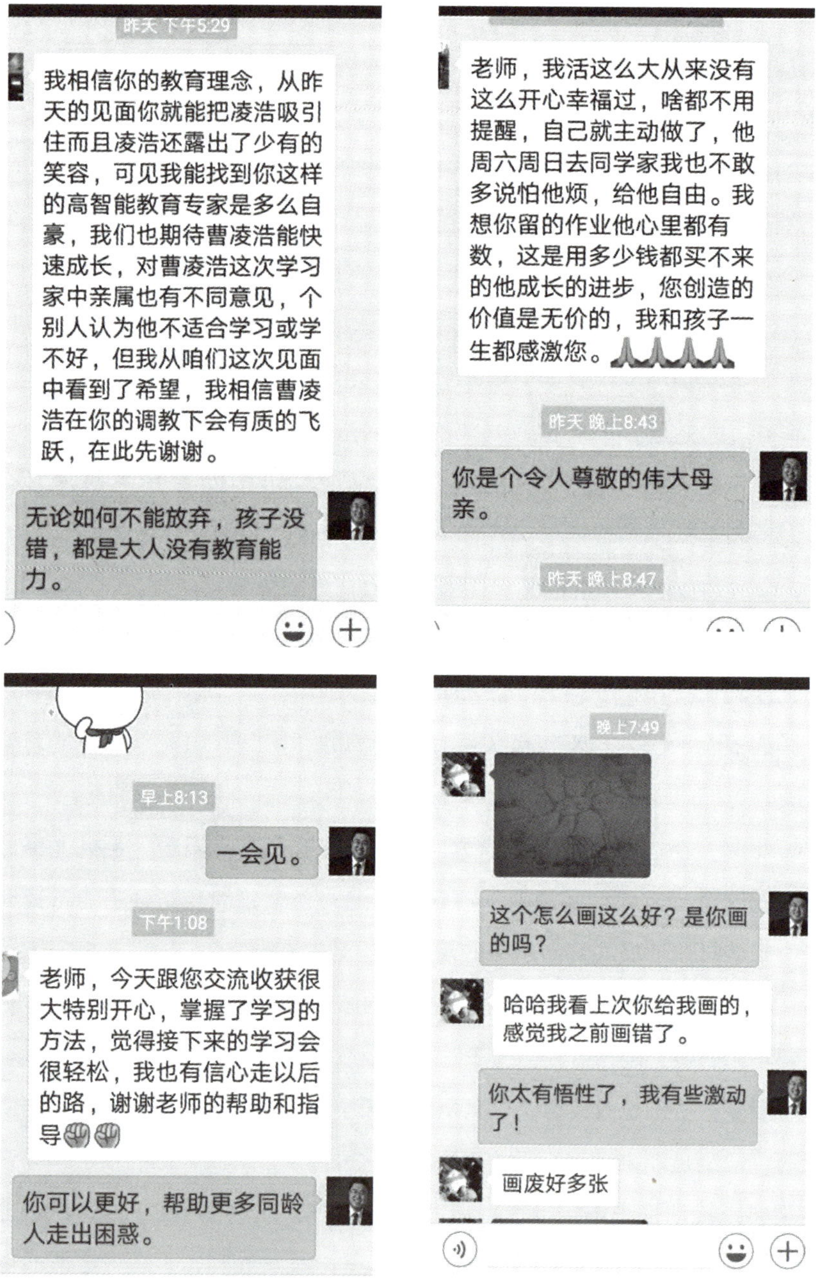
昨天 下午5:29
我相信你的教育理念，从昨天的见面你就能把凌浩吸引住而且凌浩还露出了少有的笑容，可见我能找到你这样的高智能教育专家是多么自豪，我们也期待曹凌浩能快速成长，对曹凌浩这次学习家中亲属也有不同意见，个别人认为他不适合学习或学不好，但我从咱们这次见面中看到了希望，我相信曹凌浩在你的调教下会有质的飞跃，在此先谢谢。
无论如何不能放弃，孩子没错，都是大人没有教育能力。
老师，我活这么大从来没有这么开心幸福过，啥都不用提醒，自己就主动做了，他周六周日去同学家我也不敢多说怕他烦，给他自由。我想你留的作业他心里都有数，这是用多少钱都买不来的他成长的进步，您创造的价值是无价的，我和孩子一生都感激您。
昨天 晚上8:43
你是个令人尊敬的伟大母亲。
昨天 晚上8:47
早上8:13
一会见。
下午1:08
老师，今天跟您交流收获很大特别开心，掌握了学习的方法，觉得接下来的学习会很轻松，我也有信心走以后的路，谢谢老师的帮助和指导
你可以更好，帮助更多同龄人走出困惑。
晚上7:49
这个怎么画这么好？是你画的吗？
哈哈我看上次你给我画的，感觉我之前画错了。
你太有悟性了，我有些激动了！
画废好多张

图0-2　家长、学生的使用反馈

我为什么要讲这个例子？因为她的遭遇不是个例。

孩子的学习成绩是家长最关注的话题，所以我在进行主题为《深度觉醒——中国当代家庭教育道、法、术》的培训时，也着重讲到了孩子的学习问题。家长们渴望知道自己能为孩子做点什么，好让孩子的成绩快速、有效地提升。这也是我希望通过这本书达到的另一个重要目的。

实现完美家庭教育

马老师是我在一次家庭教育培训课上认识的家长。不少家长前来听课，都是因为现有的家庭教育出现了问题；这位马老师不同，她专门报名来听课，就是想了解一下我是怎样讲家庭教育的。说实话，我当时在课下了解了她的来意之后，内心不禁一震——这不会是同行过来"砸场子"的吧？

课程结束后，我请马老师喝了杯咖啡，然后聊了不少有关家庭教育的问题，整个过程非常愉快。马老师很注重家庭教育氛围的营造，整个家庭中的所有成员都有良好的阅读习惯，孩子的培养也在按部就班地进行。当然，我内心的巨大疑问还是要破解的，于是我问得非常直接："马老师，您为什么会过来听我的课呢？按理说，您的家庭教育做得非常成功，不需要花钱来听课才对。"

马老师笑着回答："崔老师，我这么跟您说吧，我在2004年的时候，自学了思维导图。直到今天，工作上、生活上、学习上我都在使用，并且教会了我的先生、孩子，大家都觉得受益匪浅。您这次虽然讲的是家庭教育，但我知道您也讲思维导图，我觉得跟您聊一聊，一定会有收获。这次讲座离我家很近，择日不如撞日，下回要想遇到您不知道是什么时候了。"听完这番话，我内心突然涌出一股暖意，一来为有这样求知若渴的家长而感到欣慰，二来也更加觉得自己从事的工作是多么神圣。

为了后面讲述方便，我先简单介绍一下马老师一家的情况。马老师在天津一所大学当语文老师，2004年开始学习思维导图。马老师的先生是北京人，在北京开了一家私营书店，在妻子的影响下开始了思维导图的学习。马老师的大女儿在一所国际学校读高一，小女儿在另一所学校读初二，两个孩子的成绩都位于年级前列，其中大女儿是班长，小女儿是班级学习委员。两个孩子都是从小学三年级开始跟着父母学习思维导图的，并且一直用到了今天。

每到一家人聚齐的周末或者假期，马老师一家就会过一个"家庭学习日"。这一天，家庭的成员会尽可能推掉外面的活动，一家人齐聚，共同阅读几本好书。读完之后，大家会画出自己的思维导图，然后再与家人一同交流、分享。从第一次一家人坐在一起读书开始算，到2017年为止，这个"节日"在马老师家中已经持续了8年。

这个"节日"是怎么来的呢？原来，马老师一直有帮孩子辅导功课的习惯，为了快速掌握大女儿所学课本的知识，马老师使用思维导图对语文、数学两本教材的框架进行了梳理。一天晚上，大女儿在画思维导图的时候遇到了一点困难，于是想向母亲请教。在看过女儿画的思维导图之后，马老师意外地发现，即便是针对教材这种逻辑性、系统性很强的书，不同的人总结出来的效果也截然不同。试过几次之后，马老师决定，不妨定期抽出一些时间，一家人共同学习一本书，然后互相交流。两个孩子发现父母居然跟着自己一块儿看书、学习，还能与自己交流，学习的主动性很快就提高了。

交谈期间，我能感受到这位母亲眼神中传达出来的自豪感——自己陪伴着两个孩子一同学习，孩子性格开朗、兴趣广泛，至今没有参加过任何补习班，成绩却一直非常优异。进入中学后，孩子的功课门数增

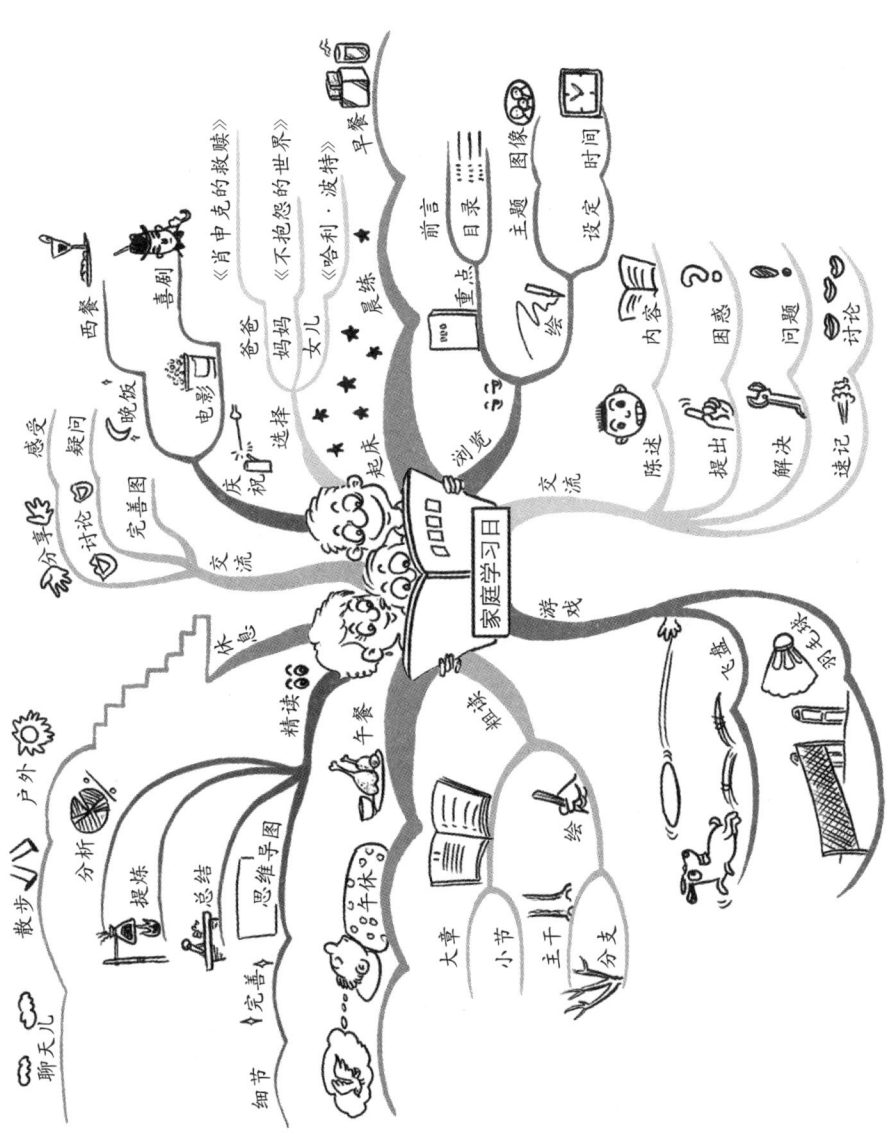

图0-3 马老师一家的"家庭学习日"

多、内容加深，马老师没有那么多精力与孩子同步学习，但孩子早已养成了良好的学习习惯，如今的这种陪伴更像是一种精神上的鼓励。

受孩子的影响，马老师自己也重新学习了英语，并且自豪地告诉我，她去年跟先生到欧洲自助游，一路上都非常顺利，享受到了把知识用在生活中的愉悦感。孩子对他们的自助游决定也非常支持，并且鼓励道："学了这么久的英语，该出去实际检验一下了！"

说起重学英语，马老师感慨万分。一年多的学习里，她没少向孩子请教，这个过程让她深切体会到了孩子学习知识存在的难处，也更好地领悟到了换位思考的意义，因而对孩子的学习给予了更多包容。只有真正体会过，才知道对孩子说一句"你要努力"是多么苍白。孩子也获得了新的换位体验，跟自己的母亲坦言：有些知识心里明白，但要跟别人讲清楚又不是那么容易，这就说明学得还不够扎实，还要继续加强。因为父母与孩子都有这种程度的认识，所以马老师一家的氛围不仅积极向上，而且其乐融融。之后，我有几次在课上分享了这位母亲的做法，并且引来了在场家长的感慨与热烈掌声。

和马老师交谈的时间不长，但我印象深刻，并且至今我们还有联系。她的举动，很好地诠释了一名普通教育工作者的本分，正如著名教育家、作家叶圣陶先生所说的那样："教师之为教，不在全盘授予，而在相机诱导。"

马老师的"家庭学习日"有很多借鉴意义，同时也体现了思维导图的强大作用。正确运用思维导图，能显著提高家庭成员的创造力，提升每个成员的学习速度和效果，调动家庭成员参与的积极性，扭转家庭成员对学习和考试的态度，让大家把学习看作是一件快乐的事情，最终实现互相促进、共同进步的完美家庭教育。

全脑思考，迈向成功人生

人类的大脑都具有可塑性，而且随着年龄的增长，这种可塑性会越来越明显。这听起来似乎有些不可思议，与我们所了解的"常识"相违背，但根据最新的科学研究显示，这的确是一个事实。

美国哈佛大学心理学教授霍华德·加德纳博士提出了"多元智能理论"，把人的智能概括为8个方面：语言智能、逻辑智能、空间智能、音乐智能、人际智能、内省智能、自然探索智能、肢体运动智能。霍华德认为每个人身上的这8种智能都参差不齐，组合和运用的方式亦各有特色，所以每个人都各有所长。

这8种智能各司其职，对一个人的兴趣爱好、性格特点、职业生涯等都有深刻影响。以下做一个简要介绍。

1. 语言智能

语言智能就是使用文字思考、用语言表达并欣赏语言深奥意义的能力，具有语言智能的人群包括诗人、作家、记者、编辑、演说家、新闻播音员等。语文、英语成绩突出，表达流畅的同学，这方面智能相对突出。

2. 逻辑智能

逻辑智能强的人，善于数字推理，能更好地理解空间、形状等概念，对逻辑思考、抽象观念及事物的因果关系特别敏感。理科生的逻辑智能相对于文科生更强，今后成为科学家、数学家、会计师、工程师和电脑程序设计师的可能性更大。

3. 空间智能

空间智能强的人，一般形象思维能力比较好，对色彩、线条、形状、形式、空间关系很敏感，有辨别空间方位的能力。这类人喜欢看书中的插图和图表。地理、立体几何学得好的同学，空间智能相对较好；要成为航海家、飞行员、建筑师、雕塑家等，需要具备较强的空间智能。

4. 音乐智能

会唱歌的人，音乐智能都较好，对节奏、音调、旋律或音色特别敏感。要成为调音师、指挥家、作曲家、乐手、歌手、音乐评论家等，音乐智能是必不可少的先天条件。

5. 人际智能

善于交际的人，人际智能就比较高。这类人往往善解人意，懂得察言观色。教师、社会工作者、政治家等看似相隔很远，但却都需要具备人际智能；一个优秀的销售员，也需要具备较高的人际智能。

6. 内省智能

内省智能是指一个人自我思考与情感冲动的能力，能较好地把握各种信息的内在联系，对自身的认知往往也更为深入。要想成为心理学家、哲学家之类的人物，必须具备强大的内省智能。

7. 自然探索智能

具备自然探索智能的人有很强的分辨能力，能清楚地分辨成员或种族间的差异，能察觉不同种族间的关系。农业人员、植物学家、猎人、生态学家、庭园设计师等都有这种智能；侦察者的这一方面能力更为突出。

8. 肢体运动智能

肢体运动智能是一项基础智能，但这里并不仅仅指体育运动，还包括精细化处理某些事物的能力。因此，除了运动员、舞蹈家，外科医生、手工艺者的肢体运动智能也非常强；我认为，字写得好、画画漂亮的同学，也具备一定的肢体运动智能。

这8种智能给人们带来了个性的差异，同时也带来了思维的惰性。哪一种智能占优势，人们就会习惯借助哪一种智能进行思考，继而形成一个人的思维习惯。久而久之，一个人的思维就容易变得僵化。

我推荐使用思维导图，其中一个很重要的原因，就是绘制导图的过程巧妙地融合了语言智能、逻辑智能、空间智能、内省智能、自然探索智能、肢体运动智能6大方面。对思维导图要表达的内容进行概括，这是语言智能的表现；画导图本身的定顺序、理分支等环节，就是逻辑智能的表现；对导图进行整体布局、完善，使之做到美观，这是空间智能的表现；对知识内容进行分析、梳理、总结归纳，这些是内省智能的表现；对已有知识进行迁移，打通知识体系之间的壁垒，这些是自然探索智能的表现；强调手绘导图，注重色彩美、线条美，用心享受绘制的过程，则是肢体运动智能的表现。

不难看出，画一张思维导图，就是一次对大脑进行全方位训练的机会，能让每个人的潜能得以充分发展。后面我们会讲到，大脑使用得越多，1000亿个脑细胞之间的联系就越紧密，能形成更多的信息交流通道，这个过程就是"思维全脑化"的过程。全脑思考更容易激发大脑的潜在能量，提升思考效能，继而开启智慧的大门。

高效思维与智商之间并没有必然的联系。70%的发明家和创造者，他们的智商都在135分以下，也就是说与正常人相差无几。先天获得的智商很难改变，但情商与创造力完全可以通过后天的培养强化而提升，绘制导图、使用导图就是一种行之有效的方法。

因此，我建议大家随时随地使用思维导图，尤其建议让孩子学会使用思维导图。它能让孩子从小形成全脑思考的习惯，助力他们迈向成功的人生！

我的梦想：让导图走进千家万户

我一直有一个梦想，那就是让影响世界的思维导图能真正走进中国的"千家万户"。

早在我自己学习使用思维导图的时候，我就认定它是一种神奇而有效的工具；当我自己真正走上教育岗位之后，我更为自己从事的事业感到自豪。但是我也发现，这么好的东西，它的传播速度并没有我想象中那么快，它的覆盖面也没有我想象中那么广，推广思维导图未来要走的道路还很长。

每一位家长都非常关心孩子的学习，每一个孩子也都有一腔证明自己"我能行"的激情，但却不知道该从何下手；激烈的市场竞争让企业的员工很累，让公司的领导更累，他们都在寻找一种更好的工作方式，但却常常碰壁；优胜劣汰的社会环境逼迫着每个人不断地充实自己，然而随着年龄增长，要操劳的事情越来越多，想充电却"心有余而力不足"……这些问题都很常见，却又刚好都是思维导图可以大显身手的领域。因此，我认为思维导图有着巨大的潜在市场需求。

养鱼莫过于养水，要想让思维导图真正走进千家万户，只讲思维导图的课程是不够的，打造好的思维导图学习环境也是一项重要的工作。如果父母给孩子营造了一个好的学习环境，孩子就会自然而然地爱上学习。达成这种好环境的关键不是要添置多少书、把孩子送到什么学校、请多么优秀的家教，而在于家长能否身体力行地影响孩子，给孩子做好学习的榜样。就学习思维导图来说，家长能够自学，孩子就会照做。这种大环境给个体带来的影响力不可小觑。类似的，老师使用思维导图进行教学，学生自然而然就会用思维导图学习；领导用思维导图开展管理工作，员工就会下意识地用思维导图工作。

2016年，我在天津参加了一个传统文化论坛，给了我很大的触动。论坛的主办人是幸福家园养老院的院长，叫张俊芳，人称"二嫂子"，曾被评为"全国十佳孝贤"。张院长年事已高，有时在会场，人们会凭第一印象称呼她"张老太太"。张院长听到后，往往都会否认："你才是老太太，我是心中有使命的人！"在得知张院长将这个论坛开办了40多场之后，我好奇地问她："到底是什么力量促使您坚持了这么长的时间？"张院长的回答非常朴实，也非常令我感动："只要有一个人能因此而改变，我就觉得值了；只要天津好了，全国就能跟着好。"

张院长的话进一步鼓励了我。我的梦想就是组织总规模达1万名教师的公益培训，将我自己多年来的教学经验毫无保留地分享，然后通过这些教师，再培养出1000万个会用思维导图的学生。一方面，思维导图将为这些优秀学生的人生奠定坚实的基础；另一方面，这些教师与学生将成为新的"热点"，渐渐去影响他们身边的人，从而扩大思维导图的影响力，促使社会上形成学习思维导图的氛围。我相信思维导图终有一天能真正走进学校、家庭、机关、组织与企业中去，让这一人类智慧的结晶影响到更多的人。

学习感悟

第一篇
奇迹源于大脑

曾经有一种说法：如果把大脑比喻成一座冰山，一般人真正利用到的大脑资源还不到10%，相当于"冰山一角"，剩下90%的资源都被白白闲置了。虽然这一数据如今已被证伪，但却不能否认"大脑有大量潜能可以挖掘"的客观现实。人类铸就的一切奇迹，最终都来自大脑，思维导图存在的意义，就是通过一种全新的途径，将这份巨大的潜能唤醒。

第一章　大脑的世界：不可不知的"1234"

1000亿脑细胞、2个大脑半球、"三位一体"脑、"四叶花开"，请务必记住这四个关键词。为了学习思维导图，我们需要掌握这些内容；如果想今后系统学习大脑的相关知识，这些也将是认知大脑的最佳起点。

"1"——创造奇迹的1000亿脑细胞

托尼·巴赞先生的《思维导图宝典》是思维导图学习领域的经典之作，讲课期间我一直鼎力推荐。但是，很多读者都跟我反映说看不懂书中的内容，特别是与大脑构造、原理相关的部分，看不了几页就犯困。一般来说，只要不是专门教这方面的老师，都可以不用看得太细，能画好导图，原理自然也就掌握到位了。为了让所有人对大脑有个初步认知，我一般都跟大家讲"1234"，等大家想了解、感兴趣的时候，我再有针对性地、详细地讲大脑的规律。

关于"用脑思考"这个话题，我跟一些孩子聊过，他们差不多是这样理解的。

"做高考压轴题的时候，感觉脑子不够用，觉得题目出得超变态，但解出来之后就觉得特别舒服。"

"作业没有写完，老师要检查了，可是还没想好要编什么理由过关。后来情急之下随便编了一个，老师居然信了，那酸爽，简直了！"

"我确实喜欢隔壁班的那个女生，但我不能告诉我爸爸妈妈，因为他们知道后肯定会瞎想,所以必须瞒着他们。"

这些孩子对"用脑思考"都有着自己的理解,虽然运用的领域不同,但都要经历一个"绞尽脑汁"的阶段,用孩子们的话来说,就是"感觉死了好几百个脑细胞"。有一个孩子就是这么跟我说的,最后我告诉他:"恰恰相反,你的那几百个脑细胞可能活了。"

难题越做越得心应手,这就说明大脑变得越来越"灵光"了;借口越编越逼真,虽然这不是值得提倡的事情,但它确实也是大脑越用越聪明的表现。至于谈恋爱,孩子们在其中也是有所"收获"的,一方面要不断对异性的心理、行为进行揣摩,另一方面则要与家长老师开始"斗智斗勇",这些都是费脑子的事情,成长的烦恼也大都由此而来。

列举上面这些内容,我的本意不是要去褒贬什么,而是想强调大脑的神奇性。有些家长总跟我感慨:孩子很聪明,可就是不把时间和精力花在学习上,这其实也是大脑的神奇性所致。在兴趣的驱使下,孩子会主动思考游戏的玩法,因此孩子的游戏越玩越好;因为关注点不在学习上,所以成绩越来越糟糕。我认为,游戏玩得好的孩子,都有成为优等生的潜质,只要他们的兴趣点发生转移,那些"会玩"的智慧也能为学习和工作服务。这可不是什么兴趣使然,也不是什么熟能生巧,而是由大脑本质决定的,且不分种族、性别、年龄。

人脑是中枢神经系统的核心,分为大脑、间脑、小脑和脑干四部分。大脑富含由众多神经细胞集中而成的神经核或神经中枢。大量神经纤维束将大脑、小脑和脊髓连接起来,使得中枢神经与大脑各个部分联系成为一个整体。

和人体其他器官一样,大脑的基本构成单位也是细胞。这些细胞可以分成两大类:一类是进行信息处理的神经细胞,它是构建大脑并使其产生神奇作用的功能性细胞;另一类是维系神经细胞活动,并且为它们提供营养和支持作用的细胞,我们称之为神经元。

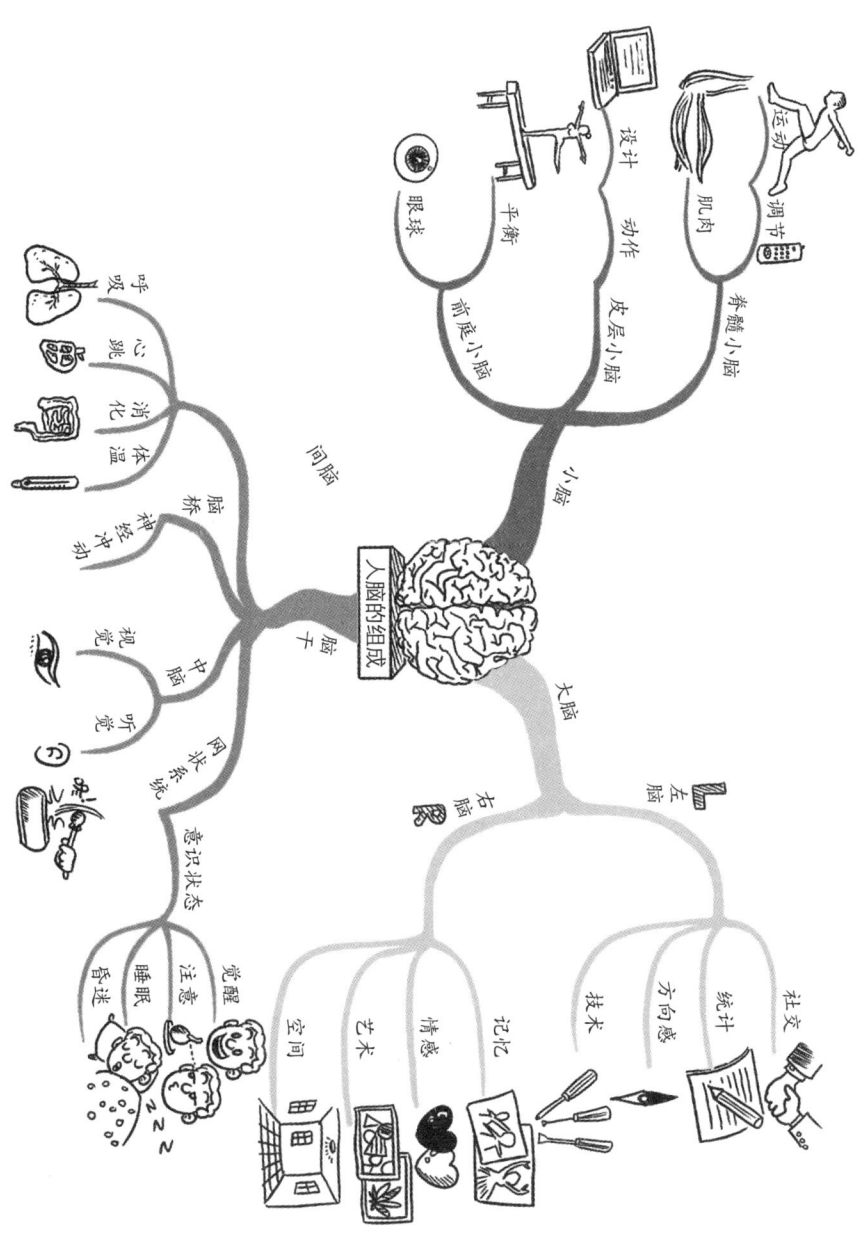

图1-1 人脑的组成

神经元是人脑处理信息的基本功能单位。一般来说,正常人的大脑重量约为1.3千克,其中负责思考的脑细胞约有1000亿个。这些细胞体上长有一些突起,其中突起数量多、个头比较小的,叫"树突",主要负责接收信息;突起比较长、个头也比较粗大的,叫"轴突",是传递信息的主要通道。

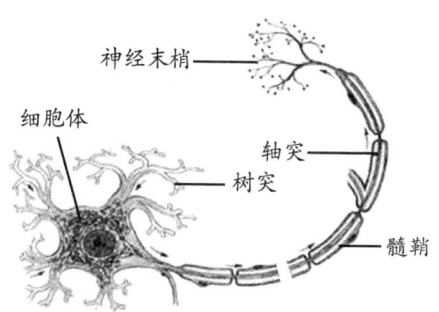

图1-2 神经元模式图

每个脑细胞上的树突或轴突都非常多,可以形成1万个左右的连接,能够紧密地与周围的脑细胞发生联系。当人激动、着急时,或在受外部环境感染强烈的状况下,抑或是在喝酒时,相邻的脑细胞之间就会像牵手一样连接起来,继而把信息由一个脑细胞传递到另一个脑细胞。在这些相互连接的脑细胞的共同作用之下,我们拥有了喜怒哀乐的情绪、无与伦比的创造力,以及能与时间赛跑的强大记忆力。

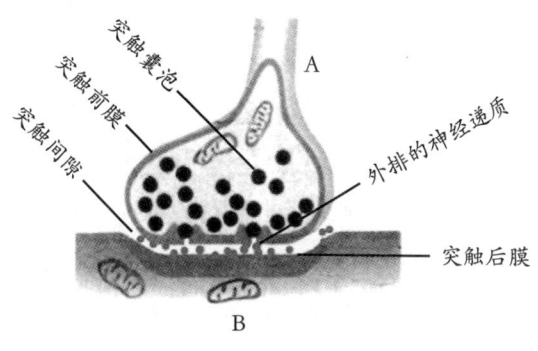

图1-3 突触结构图

不过，这些与生俱来的脑细胞以及上面提到的连接却不会与我们相伴到老。用脑越少，脑细胞之间的连接就会越弱；脑细胞一旦长期"无所事事"，就会开始慢慢萎缩，使得大脑对信息的处理能力越来越差，大致等同于人们说的"脑子不好使"。相反，用脑越多，越频繁地接触新信息，脑细胞之间的连接就越多，并且会不断地与其他脑细胞建立新的联系。

我们把神经元之间这种特殊的联系方式叫"突触"。套用鲁迅先生的一句话：地上本没有路，走的人多了，也便成了路。同样的，在大脑中，通过的信息多了，也就形成了一条条新的回路；脑回路越多，联系越紧密，人的思维就越活跃，下次再进行类似的认知活动时，这条路径就会被大脑采纳，从而达到"快速反应"的效果，这便是"熟能生巧"的原理所在。治理堵车最有效的方法是什么？就是不断开辟新的通道，让积聚的车辆有更多的分流选择。大脑的通道越多，能够分流处理的信息量也就越大，这是一样的道理。

回到开头所列举的浅显例子可知，用脑并不是一件多么高深的事情，并非要刻苦钻研才算。只要能主动接收外界信息，主动进行思考，就都可以视为"有效用脑"。因此，除了在校读书学习、日常看书读报，坐在电脑面前思索攻克游戏难关的方法，和三两个朋友认真地斗地主，甚至是和亲朋好友之间回忆往昔、唠家常，这些都可以算是用脑。

我在前面说过，大脑的运用是不分年龄的。有不少家长认为，自己"年事已高"，学习没有多大意义，而且忘性大，这其实是一种错误的思维定式。按照最新的科学研究，只要给予大脑足够的刺激，脑细胞就会重新焕发活力。现在，有不少六七十岁的老人对电子产品非常精通，能够很好地适应互联网时代的新生活。他们都能很好地接受、上手新事物，我相信比他们年轻的人更没有问题，如果真有问题，那病根就一定在"心态"上。

大脑的潜力是可开发的,认真学完这本书,再加上必要的实践、训练,每个人都会收获不一样的感觉。

"2"——大相径庭的左、右脑

讲这一节之前,我们先来玩一个小游戏。这个小游戏,我在课堂上实验过,一些电视节目也播出过类似的挑战游戏,部分书上也介绍过。游戏的规则很简单:大声读出图1-4中字的颜色即可,速度越快越准确则越厉害。需要注意的是,你要读出字的颜色,而非这个字本身。

红黑灰绿橙
白黄红紫蓝
绿橙紫粉红
蓝红白黄黑

图1-4 你能准确地读出这些字的颜色吗(请参照前面彩图进行练习)

玩过的大多数人都有一种感觉——真的太难了,因为很多人连第一行都无法完成。为什么会出现这种情况呢?这就与大脑的分工有关了。

我们虽然只有一个大脑,但它是由两个半球组成的。我们之所以能判断、分析、思考,都是因为各司其职的左半脑和右半脑能紧密协作。虽然左脑和右脑的形状相同,但二者的功能却大相径庭。

左脑主要负责用语言来处理信息,把我们通过五种感官(视觉、听觉、触觉、味觉和嗅觉)感受到的信息传入大脑中,再转换成语言表达出来。因此,左脑主要负责语言、逻辑思维和判断,也就是说它具有学习的本领。

右脑主要用来处理节奏、旋律、音乐、图像和幻想，并且能在一瞬间将接收到的信息以图像方式进行处理。右脑具有开展创造性活动的本领，能建立起一些奇妙的联系，比如我们仅凭熟悉的脚步声，就可以判断是谁走过来了。右脑还能处理信息量巨大的工作，如心算、速读等。可以说，右脑的功能非常强大。

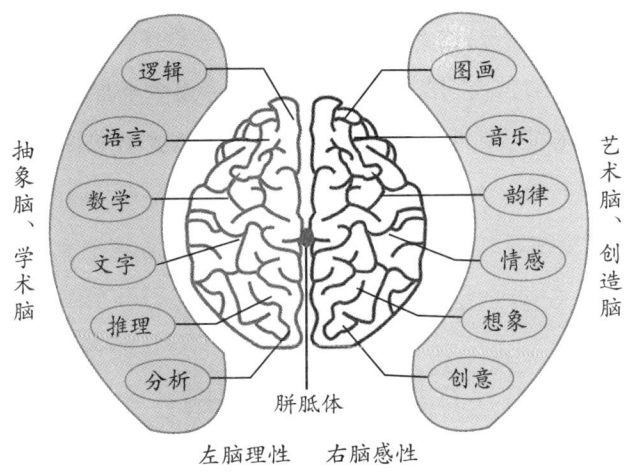

图1-5　左脑、右脑分工图

左右脑的相互协作，最终造就了生活中形形色色的人。有人对钱的事情"门儿清"，从买菜的找零到生意的账本，都能做到心中有数；有人张嘴就能滔滔不绝，有理有据而且逻辑清楚；有人语言天赋非常好，你可能只会方言与不太标准的普通话，而他却能和至少三个国家的人无障碍交谈……一般来说，这类人左脑比较发达，因而被称为"左脑人"，或者是"科学家脑"。

还有一类人，他们中有的对颜色特别敏感，你也许还在为是蓝色、绿色而苦恼，他却能够清楚地辨析30°灰和45°灰[1]；有的对音乐很有

---

[1] 以灰色为例，一般我们会使用灰色、深灰、浅灰等词语对灰色之间的差异进行描述。30°灰、45°灰是对灰度的精准描述。我们常说的深灰色一般大于50°，浅灰色则小于50°；两种灰色的度数差异越小，人的肉眼越难将它们分辨开来。

灵性，你也许只能让手里的乐器发出难听的声音，他却可以随手用身边的瓶瓶罐罐演奏出奇妙的旋律；有的空间感极度敏锐，你可能是导航系统的重度依赖者，而他却能将仅走过一遍的路牢牢记住……一般来说，这类人的右脑比较发达，因而被称为"右脑人"，或者是"艺术家脑"。如果左右脑都比较发达，那么我们的做事效率就会极大提高。

大家可能还注意过这种现象：你见了一个陌生人，简单聊过之后便没了联系，时隔1个多月后再见到这个人时，你可能对他的脸有印象，却不一定能记得他的名字；路过商场时，你听到了一首特别打动你的新歌，事后想和别人分享，却说不出歌名也记不住歌词，但能流畅地哼出歌曲的旋律。为什么？这就是右脑的强大之处，它对不规则形状的物体，以及抽象的事物有着惊人的记忆力。

说到这里，大家也许就会明白本节开头的小游戏为什么难以完成了。因为看到这个字的时候，它该怎么读、有什么意义，这些都是左脑负责的工作；而识别字体的颜色，这是右脑负责的工作。如果思考的时间足够，正确说出所有颜色并不难；一旦要求迅速完成，左右脑就会"忙不过来"，特别是平时右脑开发不够时，基本上没有可能迅速完成这个小游戏。

在后面的章节中，我还将着重介绍使用思维导图对右脑进行开发的内容。只有左右脑同步开发，我们对大脑的利用才可能达到最大化。

"3"——生成智慧的"三位一体"系统

虽然我们知道了左右脑的分工，但还是有很多与大脑相关的问题我们无法弄清楚。比如，为什么我们在学习和工作中，很容易犯同样类型的错误？为什么长大之后，我们也许对很久远的一些事情记忆犹新，可对近期发生的一些事情却毫无印象？很多哺乳类动物也有大脑，为什么只有人类能思考、创造？

要解答这些问题，需要用到本节提到的"三位一体"知识。我们的大脑不仅是一个"左右紧密协作"的大脑，还是一个"三位一体"的大脑，它由脑干、边缘系统、新皮质三个紧密不可分的部分构成。"三位一体"理论是由脑神经学家麦克莱恩提出的，这一理论非常伟大，它极大地推进了人类对于大脑的认知。

1. 脑干

脑干是人类大脑最先发育形成的部分，其中的"最先"有两层含义：第一，它是新生命的大脑在子宫中最先成形的部分；第二，它是人类大脑在历史进化过程中最先形成的部分。蛇、蜥蜴等爬行类动物的大脑就只有脑干部分，所以脑干也被称为"爬虫类脑"或基础脑。

脑干位于头颅底部，自脊椎延伸而出，能控制心跳、呼吸等本能性的直觉反应，以及肌肉的运动与平衡等与生俱来的机能，也能让人们机械、呆板地完成简单的动作，但没有任何思维和感觉功能。神秘的直觉多由"脑干"控制，如人类的地域感；当陌生人过度接近自己时，我们会产生警觉与不安，这也是脑干发出的。人们难以改变固有的错误或坏习惯，无休止地复制既有的行为方式，都与脑干的作用息息相关。所以，养成好习惯的最佳年龄是大脑处于发育成长的青少年时期；否则，成人之后再来改变就为时已晚了，"江山易改本性难移"说的就是这个道理。

2. 边缘系统

由于古老哺乳动物的大脑基本都具有这一部分，因此边缘系统脑也被称为"古哺乳动物脑"；又由于边缘系统围绕在脑干周围，大致位于大脑中间，因此它也被称为"中间脑"。

在这一部分中，与我们工作学习紧密相关的物质有两个：一个是杏仁核，另一个是海马体，它们影响着人类的情感与记忆。

海马体是整个大脑的记忆中心，它大约在人2岁前后发育完全，因此我们经常说的"自记事开始"，大都始于这个时候。海马体能储存一部分短期与长期的记忆，如果一个人的海马体受损，那么将会出现短期记忆力障碍。杏仁核主要负责情绪、情感的处理，欢乐、恐惧、愤怒、愉悦、痛苦等都源于此，并与人类的感情、直觉、性行为等密切相关。同时，杏仁核能够帮助海马体对记忆的信息进行区分、储存。我们之所以对感兴趣的内容记忆深刻，或者对痛苦的经历念念不忘，其中一个很大的原因就是大脑在处理这部分信息时加入了丰富的感情因素，而杏仁核会将这一部分信息归入大脑的长期记忆区中，形成永久记忆。

3. 新皮质区

新皮质区是大脑最后进化形成的部分。由于它是在哺乳动物出现之后才进化形成的，因此也被称为"新哺乳动物脑"；同时它也是我们目前对大脑认知的最高部分，因此有人将其称为"高级脑"或"理性脑"。如果没有这一部分，我们就只能处于一种类似植物的状态。

新皮质区与边缘系统的合作非常紧密，二者联合控制着大脑功能的发挥。人类大部分的记忆信息在经过边缘系统处理后，都存入了新皮质区，因此这一部分为人类大脑进行信息处理提供了强有力的支持。事实上，新皮质区也是人类大脑中，负责思考、归纳、总结与再创造的核心。

上一节说到的左右脑，其实就是大脑皮质形成的左右两个半球。一般人类的大脑，三分之二的部分都是新皮质；我们日常见到的大脑图片，也确实明显地分成了左右两个部分，所以我们会习惯性地认为大脑是由左脑与右脑两部分组成的。

有细心的读者可能会问：我们熟知的"小脑"为什么没有在书中提及？这是因为，位于脑干正后方的小脑主要负责运动、协调肌肉、记忆动作等工作。随着年龄的增长和身体各部分结构的成熟，小脑的生理功能会逐步增强。但小脑与思维导图的学习之间没有太紧密的联系，因此我也就不花过多的篇幅去介绍了。感兴趣的读者可以阅读相关的科研著述，以便对大脑的构造有更加深入的了解。

"4"——辅助记忆的"四叶花开"

我在思维导图培训课上，经常利用提问之后的空余时间观察孩子和家长脸上的表情，并以我看到的实际情况来决定是否调整后面的课程安排。课太难，听众跟不上，讲课的节奏就要放慢些，内容就要阐释得更浅显些；内容太枯燥，听众没兴趣，就要调整既有的节奏，让故事和段子来"救场"。这是我奉行的讲课原则，其中也蕴含着大脑工作的另一套深层原理。这套原理与位于大脑皮质层的四个"叶"密切相关，它们是：额叶、顶叶、枕叶、颞叶，是构成人类大脑长期记忆系统的基础。

1. 额叶

额叶位于大脑前端，是大脑发育最高级的部分，主要负责思考并解决大部分的抽象问题，同时掌控着运动、语言、认知等功能。额叶是大脑皮质层四个"叶"中扩展、成长最快的一部分，在大脑中所占的面积也最大。

整个额叶其实分成两个部分。前半部分主要负责思考、策划、行政与决策等抽象问题；后半部分也叫运动皮质层，与人类日常的动作协调紧密相关。

在所有的动物脑中，人类额叶前半部分的皮质层占据大脑的比例是最高的，因此人类成了"万物之长"。

2. 顶叶

顶叶位于额叶的下方，主要负责处理躯体接收到的一切感觉信号，如触觉、痛觉等。研究表明，大脑顶叶的大小在一定程度上和数学、逻辑学方面的能力相关，逻辑、演算能力越强的人，顶叶就越大。我们都知道爱因斯坦的大脑总体积并不比一般人大，但其顶叶的大小却比一般人大了近20%。

和额叶一样，顶叶同样也分为前后两个部分。前顶叶叫"感觉运动区"，主要收集来自身体各个部位的信息；后顶叶会对前顶叶接收到的信息进行深度处理，所谓的"空间距离感"就是在这里形成的。

3. 枕叶

枕叶位于大脑底部，整个大脑皮质层的后方，主要负责处理由眼睛传递过来的视觉信息，并且会将这部分信息与额叶、顶叶发生关联。别看枕叶体积小，我们能通过阅读书籍来增长知识、进行思考，全是枕叶的功劳；我们能形成"熟悉的感觉"，也是因为枕叶能将我们新接触到的知识与之前储存在脑袋里的知识进行比较，然后得出"陌生"与"熟悉"的判断。

4. 颞叶

颞叶位于大脑两侧靠近太阳穴的地方，主要负责处理由耳朵传递过来的听觉信息，并将这部分信息与额叶、顶叶发生关联。颞叶对记忆力、听觉、语言等均会产生影响。

颞叶的左后方还有一个叫"维尼基区域"的地方。别看这个区域很小，它发挥的作用却不容忽视。我们听到的每句话都会先传到这里，然后被处理加工。如果听到了浅显易懂的内容，我们的大脑就会发出"懂了"的指令；如果听到了晦涩难懂的内容，或者是从未接触过的外语，我们的大脑就会发出"听不懂"的指令，继而得出"不知所云"的判断。

例如，我在黑板上写了一道趣味数学题——看图数三角形，以激发大家的参与感。大家在看到图形时，视觉信息就通过眼睛传递到大脑的枕叶之中；紧接着我会提问"看谁数出的三角形最多"，这句话就会通过耳朵传递到各位同学的颞叶中，继而让大脑发出"开动脑筋"思考的指令；顶叶在收集到这些信息之后会开始分析、推理、演算；额叶会将思绪整理成结果，并转化成文字表述出来，而且学生还会在这个时候考虑要不要举手向老师示意。

同样的，家长、学生的面部表情，是否有讲悄悄话等信息会传入我的大脑，让我的顶叶启动思考，最终借由额叶的帮助，形成接下来的讲课内容，继而有了这节开头的文字。所以，我们的大脑不可谓不奇妙，哪怕只是一个小小的举动，也都是"四叶花开"的结果。

学 习 感 悟

第二章　思维导图：使用大脑的科学方法

很多人都将思维导图视为一种辅助记忆的工具，我认为它也是一种使用大脑的科学方法。经常使用思维导图能很好地开发右脑潜能，最终形成"全脑思考"的状态，从而有效提升大脑的工作效率。

托尼·巴赞的困惑：大脑该如何使用

从小学到大学，每个学期下来，都有几门到十几门的功课待学；年级越高，教材的难度越大，要参考的书目也越多。快速下降的视力、不断更换的笔芯、总在翻页的书本、越来越少的假期……这些似乎都在展现孩子们为学业付出的努力。然而不管多么努力，谈起学习的话题，永远都有数不完的尴尬：学外语的时候，往往都是"字认识我但我不认识它"；背复习讲义的时候，明明知道眼前做标记的地方是重点可就是记不住；好不容易碰上一个感兴趣的作文题，心中感慨万分但就是写不出一句话……

有的孩子把这种情况戏称为"五行缺脑"，用来指称脑子不够用，事实上，这种情况谁都可能出现，包括英国的托尼·巴赞先生。

托尼·巴赞1942年生于英国伦敦，毕业于英属哥伦比亚大学，毕业时取得了心理学、英语语言学、数学、普通科学等多个学位证书，堪称当时的"学神"级人物。爱思考的巴赞先生后来还成了"世界记忆力锦标赛创始人""世界快速阅读锦标赛创始人""思维奥林匹克运动会创始人",并且因创造了"思维导图"这一如"瑞士军刀"般简单、有效、便捷的思维工具,而被誉为"世界大脑先生"与"智力魔法师"。巴赞先生一生一共出版了80多部有关大脑和学习方面的专著或合著,《思维导图宝典》就是其中最具影响力的一本。50多年后的今天,我能站在讲台上向大家讲授思维导图,能在书中将思维导图的林林总总娓娓道来,是要感谢巴赞先生的——感谢他为世人创造了这样一份"不老"的智慧。

别看巴赞先生头顶有"光环",其实他也是一个普通人。本节开头的那些囧事,他在学生时期也一样没落下。你可能觉得思维导图是在大脑科研所里被研究出来的,但事实上,它是巴赞先生在读大二时,因为在图书馆遭遇了一次碰壁而发明出来的。

巴赞先生认为开头的那些状况是由自己不会使用大脑导致的,因为他也打从心底里不能接受"学习越来越努力,笔记越写越多,学习成绩却越来越差"的怪现象。他希望有人给他指一条明路:你应该这么背概念,应该那么思考……

他满怀信心地来到图书馆,却并没有找到想要找的书。当他向图书管理员咨询时,管理员的第一反应是让他去医院咨询脑科医生;当他认真地跟管理员解释,自己只是想找一本有关使用大脑的书籍时,管理员更是带着几分嘲讽的语气反问道:"你觉得世上会有这种书吗?"

巴赞先生跟我们最大的不同,就体现在这个小节点上。管理员的嘲讽,让他认定这是一个空白领域,因此决定着手对这方面进行研究。他开始充分利用课余时间研习心理学、大脑神经生理学、神经语言学、信息理论、创造性思维、感知理论、语义学、记忆与助记法等学科,并且初步得出结论:想让大脑充分发挥作用,就要让大脑的各个部分通力协作。

后来，巴赞先生依照自己习得的知识，尝试性地将笔记内容与色彩结合起来，这相当于让负责识别色彩的大脑细胞与负责记忆词汇的大脑细胞相互协作。很快，他就发现使用这样的笔记，比使用单一颜色的笔记更容易记住关键信息。在不断实践中，巴赞先生的理论也逐渐得到完善，开始综合利用颜色、图形、关键词、联想关系等多种因素刺激大脑，尽可能形成"全脑思考"。

为了证明自己的方法是有效的，巴赞先生找来了一批特殊的学生，决定亲自对他们进行辅导。这些孩子或是被家人认为是看不到希望的"智力低下儿"，或是被社会定性为误入歧途的"问题少年"，或是被老师视作"无药可救"的后进生……其中有个叫芭芭拉的女孩，学校更是给出了"史上智商最低生"的评价。总而言之，在世人的眼里，他们跟"成绩好"没有任何关系。

然而，这些孩子最终没有让巴赞先生失望。经过系统训练，他们中的绝大部分，成绩都有了显著提高，有的还在班上名列前茅，一跃成为"优等生"的也不在少数。至于那位叫芭芭拉的女孩，她在高三毕业时，更是以优异的成绩考入了大学，而且根据专业智商测评结果显示，芭芭拉的先天智商高达160，之前成绩不好完全是因为家庭、学校放弃了对她的教育。用现在的话说，这无疑是对当时那所学校的"实力打脸"。

通过研究与探索，巴赞先生不仅解决了自己的困惑，也让那些被他人轻视的孩子们得到了解脱。不过，纵使时间飞逝了几十年，巴赞先生当年的困惑至今还在许多学生的身上以各种各样的形式存在着，这恰好说明思维导图有很大的空间可以发挥。只要努力、坚持使用思维导图，同时相信自己，我认为大家都会受益匪浅。

开发大脑，我们做得远远不够

通过第一章的内容，我相信大家对自己的大脑已经有了一个基本认识，因为谁都会数"1234"，而且这些数字背后的信息也很好记忆。我们了解大脑不是为了考试，而是为了更好地使用大脑，充分发掘潜能，成为更优秀的人。

近10多年来，有关人类大脑的开发和研究取得了许多进展，人类在大脑研究领域获得的信息量比过去整个科学史上获得的还要多。科学家们一致认为，世界上最复杂的东西莫过于人的大脑，它是世上最精密、最复杂的器官。

科学研究表明，一个普通的大脑能存储1000亿条信息，产生的思想每小时能游走300多千米，大脑内部拥有超过1百兆的交错线路，平均每天能产生4000种思想……从理论上来说，每一个大脑的性能都堪比一台超级计算机。那么问题来了，既然我们的大脑有1000亿个脑细胞，能够容纳1000亿个信息单位，为什么我们还会常常听到一些人抱怨自己学不好、记不牢呢？

既然我们的思考速度达到了每小时300多千米，相当于高铁一般的速度，为什么我们还会常常没有头绪、思维不畅呢？

既然我们的大脑能够建立1百兆个信息通道，能力远超顶级配置的计算机，为什么我们在分析问题时总是考虑不周全呢？

既然我们的脑海中平均每天能产生4000种思想，为什么我们的工作和学习看上去依旧缺乏创造性呢？

……

问题的根源在于：我们只使用了大脑的一部分资源。

在生活中，总有一些人认为自己很笨，没有别人聪明。他们不知道的是：自己之所以没能取得好成绩，是因为大脑的潜能没有被充分发掘，没有办法在工作、学习中展现自己"真正的实力"。现在的社会发展速度极快，知识的更新也达到了前所未有的速度，因此不论在学习还是其他方面，要想表现得更出色，就要学会科学用脑。遗憾的是，很少有人重视这一点，包括很多家长、老师在内，他们更喜欢强调勤奋和努力。当然，勤奋和努力是必要的过程，但前提一定是方向、方法正确。开发大脑，我们做得确实还远远不够。

我为大家推荐思维导图，就是提供一种科学用脑的方法，然后尽可能地将这种方法讲得通俗易懂，为大家扫清学习与使用过程中的障碍，剩下的工作就是大家坚持不懈地努力、实践。"1万小时理论"并不是博眼球的噱头，实践出真知更是自古以来的真理。任何一个老师都只能解决方向、方法的问题，一切的落实最终都只能靠自己。

常用右脑，唤醒潜能

不管是学习还是工作，我们使用左脑的机会都要更大一些。以学习为例，语文、英语等学科，主要涉及语言文字的运用；数学、物理、化学、生物等学科，主要涉及对公式、定律、符号的运用与逻辑推理；历史、政治、地理等学科，主要涉及归纳分析能力。此外，所有的学科都涉及对文字内容的记忆，这都是左脑的事。

再看工作，计划报表、日程安排、客户管理、数据维护……这些内容无疑也涉及语言、文字、数字、分析等技能。所以，对大部分人来说，即使从学校毕业了，左脑依旧没有"放假休息"的机会，而右脑仍然缺乏足够施展才华的"舞台"，这就导致了左脑负担过重，右脑

"过于清闲"的局面。如果右脑能帮左脑分担一部分任务，大脑的处理效率就会显著提升。

爱因斯坦就是一位善于运用右脑想象的科学家，他的许多重大科学发现都归因于自己的想象游戏。他曾想象自己骑光束到达遥远的宇宙极端，又"不合逻辑"地回到太阳表面。这种想象启示他：空间可能原本就是弯曲的。正是这次伟大的想象游戏，导致了相对论和近代物理学的诞生。

事实上，右脑的功能非常强大。有关研究表明，在大脑的容量和记忆能力等方面，右脑约是左脑的100万倍。造成这种差距的一个重要原因，就是左右脑的信息处理方式不同。我们前面讲过，右脑善于处理图像信息，左脑善于处理文字信息，而图像的信息含量远超文字，"一图胜过千言"就很好地说明了这个道理。

为了更好地强化右脑，就要尽量少用左脑的语言、逻辑、数字化思维，多用右脑的形象思维，提高右脑非语言思维能力的培养，这样才能逐渐变为富有直观能力、综合判断能力，有良好创业感和人际关系的左右脑均衡型人才。长期以来，人们对大脑的认知存在局限，对智力的运用过于片面，从而形成了不良的用脑习惯，造成了大脑部分功能负担过重，学习成绩和学习能力双双下降，束缚了思维的发展，让很多孩子出现了"厌学"的症状。

思维导图的出现，为开发右脑潜能提供了最便捷的方式，也让"谈学色变"的情况得到了有效缓解。思维导图中用来记录信息的文字非常少，大都是关键词，其目的在于减少左脑的记忆量，同时鼓励发散思维；使用树状结构画图，为的是充分发挥右脑的想象力，用最自然的形状来引发联想；使用图形来提示信息，为的是将一部分信息转化为图形，减轻机械记忆的负担；使用色彩来区分信息，为的是将一部分信息转化为颜色，提升记忆的效果……

因此,思维导图的本质就是一种开发右脑潜能、减轻左脑压力的工具;使用思维导图,就是在锻炼左右脑的协作能力,开发右脑潜能。

图1-6 我习惯用思维导图讲课,引导学生开发右脑功能

思维导图虽然并不是锻炼左右脑协作的唯一工具,但它是历经数十年时间,被成千上万人实践过的有效方法。所以,我希望大家能够对它足够重视,从这一刻起认真地学习它。

学习感悟

第二篇
走进思维导图的世界

思维导图的世界，简约而精彩，多变却有序。其本身的适应性、包容力都非常强，适用于记忆、学习、创造等诸多领域，能把厚厚的一本书变成薄薄的一张纸。正是基于这种灵活多变、实用性强的特点，思维导图也被人们誉为"大脑的瑞士军刀"。

第三章　我的思维导图课

很多人刚接触思维导图时，往往会因为上面包含了众多线条、图画、色彩，下意识觉得思维导图非常难画，自己很可能学不会。然而，在1天的思维导图培训课结束之后，几乎每个人都认为画思维导图太容易了，而且还很有趣。"得法"则事半功倍，这就是方法的力量。

绘制导图是与生俱来的能力

思维导图的工作方式与大脑的工作方式一样，都是基于最简单的原则——联想和想象。现在，我们先一起来做个小游戏：请注视下面的黑体词30秒，然后立刻闭上眼睛思考它。

太阳

在思考过程中，你的脑海里浮现的是什么？是上面的黑体字，还是其他的景象？是想到了酷暑难耐的夏日生活，还是严冬雪停后的温暖？

我相信大多数人的脑海中一定会浮现出一种甚至几种与太阳有关的场景画面，甚至还可能回忆起一些记忆犹新的故事片段，这是因为大脑对这个词进行了发散性的联想和想象。简单的词汇是触发联想和想象的良好媒介，大脑会因此而浮现出各种与此相关的、极具个性化的三维画面。这是大脑的一种本能。

依照形象思维而来的形象记忆是目前最合乎人类右脑运作模式的记

忆法，它可以让人在很短的时间内记住上千个电话号码，而且很难忘记，这点从国内外众多的记忆赛事上可以得到证明。图形、颜色、关键词……这些都可以成为引发联想与回忆的触发点。一旦这些点被触及，大脑便能通过事物之间的关联回忆起所学的内容。生活中我们不也经常遇到这种情况吗？看到某种景象，突然就想通了一些事情。我们要做的，就是把这种能力运用起来。

思维导图的原理与此相同：用一个高度概括的词汇引发知识联想，让前后的知识有机地连接起来，形成一张融会贯通的知识网络。用思维导图绘制而成的学习提纲，里面分布着高度概括的关键词、有趣的图形、醒目的颜色，这些因素共同组成了一张布满了"触发点"的网，能够很好地起到提纲挈领、触类旁通、举一反三的作用。针对概念、原理进行识记是掌握知识的必要环节，但我更希望孩子们能够将自己辛辛苦苦记下来的知识用起来，不要刚考过就忘记。只有不断循环、不断使用、不断实践，学习的效率才能真正得到提高。

绘制思维导图是每个人与生俱来的能力，只要掌握一定的技巧与规范，每个人都能画出漂亮的思维导图。要想进一步学好思维导图、用好思维导图，形象思维也必不可少。在后面的章节中，我也会和大家进一步讨论如何培养、提高形象思维的能力。

6步轻松绘导图

绘制思维导图是一件简单而有趣的事情。掌握好以下6步，每个人都能画出一张标准的思维导图。

1.定主题

一张思维导图只能有一个主题，出现在这张导图上的其他内容都要由全题发散开。主题的选择非常自由，从理论上说，任何一个词都有成为主题的可能。主题的内涵越丰富，呈现出来的导图就可能越"繁茂"；主题越精确，呈现出来的导图就可能越明了。

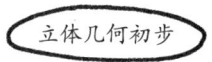

图2-1　定主题

用最简洁的词，或是最具代表性的图画来充当主题，这点很重要。比如，当我们打算用思维导图来进行立体几何知识的复习时，核心词就可以写成"立体几何"，画一个立体几何的图形来表示主题也是非常不错的选择。

一般说来，刚刚学画思维导图，或者刚刚学会利用思维导图进行分析时，不要贪大求全地定一些内涵外延都很庞大的主题，如高中数学、世界史、《红楼梦》等，因为还不熟练，加上主题本身的操作难度大，很容易在初学阶段碰壁。如此会导致一方面，容易形成畏难情绪，不利于长远学习；另一方面，也会产生思维导图不好用、没效果等误解，影响学习兴趣。我认为，像"高中立体几何"这种规模的主题就非常适合拿来练笔。

这里提一个小建议，绘图选用的纸至少是A4大小，纸张要横着放，最好是无格、无痕的白纸，纸的中心位置就是思维发散的起点。这样做符合我们大多数人的阅读习惯，且能够让最终的导图比较美观。

2. 定顺序

这是对主题进行的第一次拆解。

高中阶段的立体几何，主要是为了解决五个方面的问题，即线线关系、线面关系、面面关系、空间角、空间体。所以，我们可以从主题词处，在一点钟方向画出一条树枝状的粗线条，然后再按顺时针方向大致等距地画出剩下的4条分支。

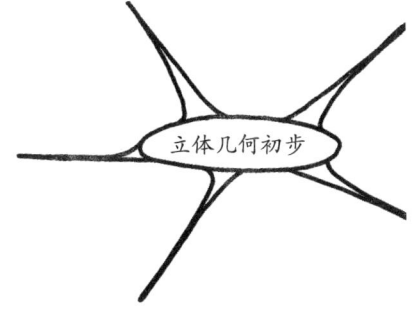

图2-2　定顺序

定顺序其实就是在为后面的绘制过程做"规划"。这项工作可以这么理解：你打算栽种五棵树，目前的工作就是给新长出来的树枝留出足够的空间。

这里需要提醒的是：如果由主题引出的主分支超过了7条，我建议拆成两张来画，否则很可能出现无处安放分支的尴尬局面。

3. 理分支

能灵活扩展是思维导图的一大特点，就像树木的生长一样，能够源源不断地分出树枝。这些分支是有层级的，距离主题越近，与主题的关联度就越紧密。从理论上说，理分支的过程是无穷无尽的，层数越多，导图涵盖的内容就越广泛。

理分支的要点是"首尾相连"。我们需要将中心图像和主要分支连接起来，然后把主要分支和二级分支连接起来，再把二级分支和三级分支连接起来……依此类推。把分支连接起来，有助于理解和记忆，同时创建了思维的基本结构。这和大脑联想思维的过程很像。

画图的时候，尽可能让分支自然弯曲，不要画成一条直线，因为我们的大脑很容易对直线感到厌烦。画的时候，主分支要粗，下面的分支要细，以体现层次感。如此一来，思维导图就和自然界中大树的形状极为相似了——树枝从主干生出，向四面八方发散。假如大树的主干、分支、末梢之间发生断裂，那么这棵树就会出现问题。

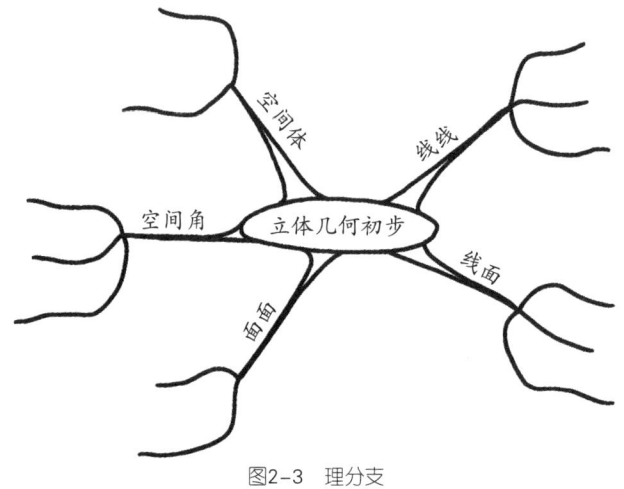

图2-3 理分支

以上面提到的"线面关系"为例,我们在理第一层分支时,不妨按照它们的位置关系来拆分,因此可以得到"平行""相交""面内"3种位置关系……接着,对"平行"拆分可以得出"线线平行"和"线面平行"两种关系;对"相交"拆分可以得出"斜交"与"垂直"两种关系……依此类推,"立体几何"主题的知识框架就慢慢丰满了起来。

4. 提炼

提炼是贯穿思维导图绘制全过程的一个步骤,其实从"定主题"开始,我们就已经在进行提炼了。这里单独将"提炼"拿出来说,是为了突出"提炼"的重要性。

提炼是为了让信息变得简洁。简洁的好处不言而喻,你也许需要花两分钟时间才能完整背下一个句子,但记住一个词你可能只需要扫一眼。因此,准确提炼能够极大提升我们的记忆效能。在使用思维导图进行知识归纳、演讲框架拟定等记忆量较大的工作时,这一作用尤为突出。

如何让归纳的关键词更有效?这里我简要地介绍一下"5W1H"归纳法。"5W"对应的是英文中的What(什么)、Why(为什么)、

When（何时）、Where（何地）、Who（谁）；1H对应的是英文中的How（怎样）。它们很像写新闻报道的六要素。掌握了这六个要素，我们就能搞清楚一件事情的本质，不管它有多么复杂。

现在我们不妨用"立体几何"的思维导图，看看六要素是如何理清知识体系的。

定主题（What）：我们在干什么——归纳立体几何知识。

定顺序（Why）：为什么研究立体几何——为了搞清线线关系、线面关系、面面关系、空间角、空间体。

理分支（When、Where、Who、How）：这一步涉及的内容很广，如什么时候相交、在哪里相交、它们分别叫什么，这些问题都会涉及关键的定义或定理。至于How包含的意义就更广了，如在空间体的问题上就涉及"怎么看"的问题，因为平视、俯视等不同的视角或许会导致截然不同的解题思路……

上述每一个问题最核心的答案，就是可以被提炼出来的有效关键

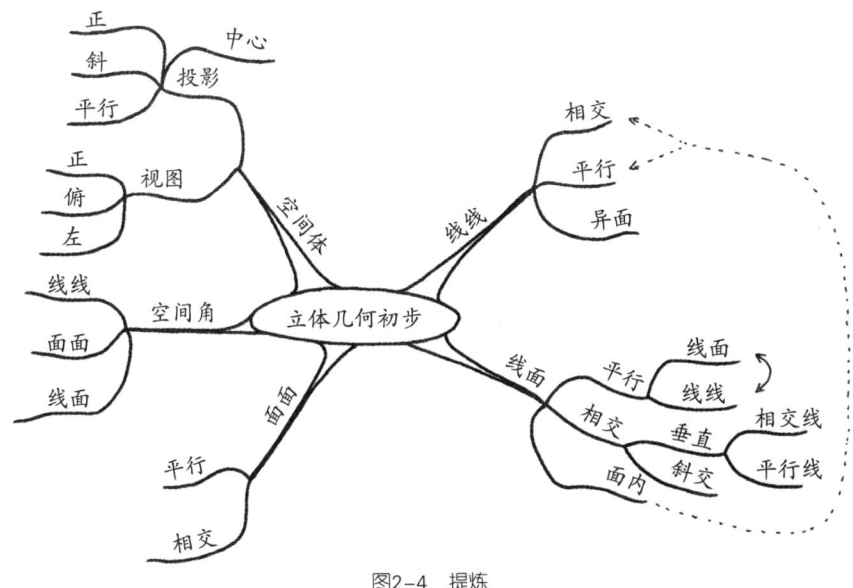

图2-4　提炼

词。用思维导图做其他工作时，也可以尝试使用上述的关键词归纳法，如此一些乍看起来难以理解的问题在层层解剖下就变得豁然开朗了。

需要强调的是，关键词应该是具体而有意义的，这样才有助于回忆。使用单个关键词更有助于新想法的产生，如在写下"橙子"这个词时，你可以由它想到美味、颜色、果汁、维生素C等；如果你写的是"一个表皮发皱的橙子"，这个短语表达虽然更加具象，却限制了你的思维方向，反而容易扼杀灵感的火花。

最后提示一下，提炼出的词语或图形应当紧贴分支线条，且长度应与对应的线条相当，这样即便是绘制一张非常复杂的思维导图，也能让人觉得多而不乱、井井有条。

5. 上色

我在教成年人使用思维导图时，很多人对这一环节有些"抵触"，把它看作是"小孩子过家家"的把戏，认为与其将宝贵的时间放在涂色上，不如多画一张思维导图。这其实是种"看似有理"的偏见。

经过上面几个步骤，现在的思维导图已经成了一个从中心发散出来的自然结构，包含线条、符号、词汇、图像等多种形式的信息载体，遵循一套简单、基本、自然、易被大脑接受的规则。而使用颜色可以将这一串串的信息变成丰富多彩、便于记忆、有高度组织性的图画，这也接近大脑平时处理事物的方式。

可以说，上色本身就是一件有趣的事情。我曾教过一位50多岁的校长用思维导图。一位50多岁的教育专家，什么样的优秀教育方式没有见过？然而，正是这样一位阅历、资历都远厚于我的教育工作者，在拿起彩笔给自己的思维导图涂色时，居然情不自禁地笑了起来，嘴里还不停地称赞道："太有趣了！"

为什么拿起彩笔涂色会如此有趣？因为我们在这一刻使自己放松了，哪怕我们正在分析一件并不轻松的事情。当一个人彻底放松下来时，做什么事情都是有意思的。

上色的另一重意义在于突出。读书时，为什么老师建议用笔在书上画线、打圈？就是为了突出重点，让最关键的信息能从一版满满的黑色铅字中脱颖而出。为什么在修改文稿的时候一般要使用红色的文字和符号？这是为了用最为醒目的颜色区分不同的内容体系，让人一看就懂。给思维导图上色，不仅仅起到美观的作用，还能巧妙运用颜色对大脑形成冲击力，通过突出重点、理清层次来加强记忆。为什么小孩子对五颜六色的东西更感兴趣？就是因为多种颜色更容易激活大脑。

我的建议是，对于初学者来说，一张图上使用3~5种颜色比较合适，这样能做到最基本的区分。如果条件允许，尽可能多地使用各种颜色来唤醒大脑，为思维导图增添跳跃感和生命力。对于已经熟练掌握的使用者来说，使用一支蓝色的笔绘图也可以。为什么不用黑色？因为我个人觉得黑色略显压抑，用蓝色绘图能让人产生清爽的感觉。

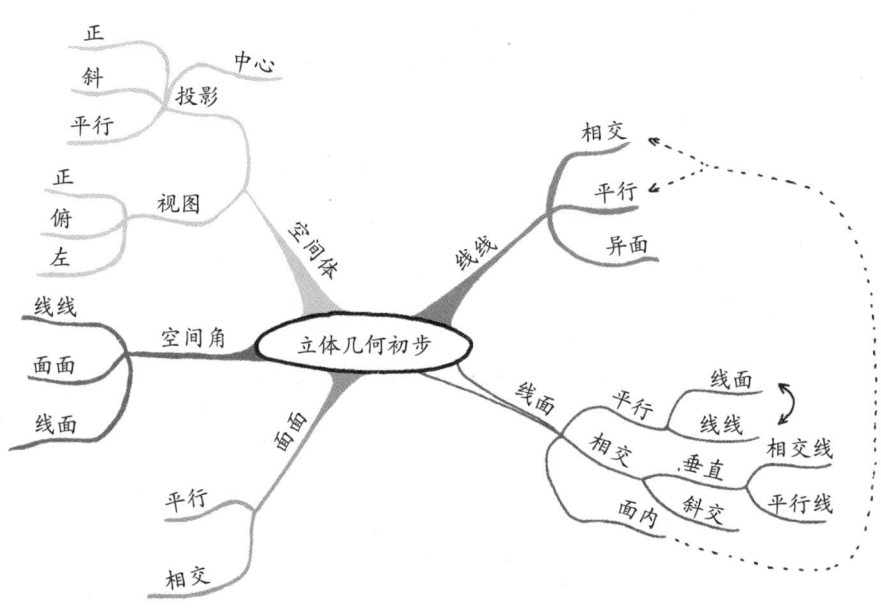

图2-5 上色（实际效果请参照前面彩图）

6. 限时

完成第五步，绘制思维导图的步骤就算完成了，但使用思维导图才刚刚开始。

绘制完的这张思维导图将成为底图，在日后的学习、复习中，它既是主要参看的资料，也是再现导图的底图。如果说画思维导图的过程是学习的过程，那么回忆导图、再现知识的过程就是复习的过程。如果再现的导图与底图存在差异，出现差异的地方就是知识体系出问题的地方，需要集中精力再次攻破；想不起来的部分更不用说，那就是记忆的盲区所在。因此，再现导图时，必须要"限时"。

限时是一个辅助性要求。不仅是画思维导图，我们在做任何事情时，都应该形成良好的时间观念，这样可以提升效率。为什么我们总觉得有些人很快就能把事情办好？其中很重要的一个原因就是他们懂得"限时"，要求自己在规定时间内，高效完成一件事情，然后再用富余出来的时间去完成其他工作。

再现导图时，为了提升效率，无须花太多时间在美观性上，核查知识体系才是再现的重点，千万不要本末倒置。

以上便是画思维导图的六个要点。牢记这六点，并且循序渐进地练习，每一个人都能画出实用而美观的思维导图。有关思维导图的详细绘制方法与注意事项，大家也可以认真参阅托尼·巴赞先生编写的《思维导图宝典》第八章——思维导图操作手册。该书是一本后人无法逾越的经典作品，无数人从中受益颇丰，希望大家能认真阅读，并且积极思考。

走进思维导图的世界 第二篇

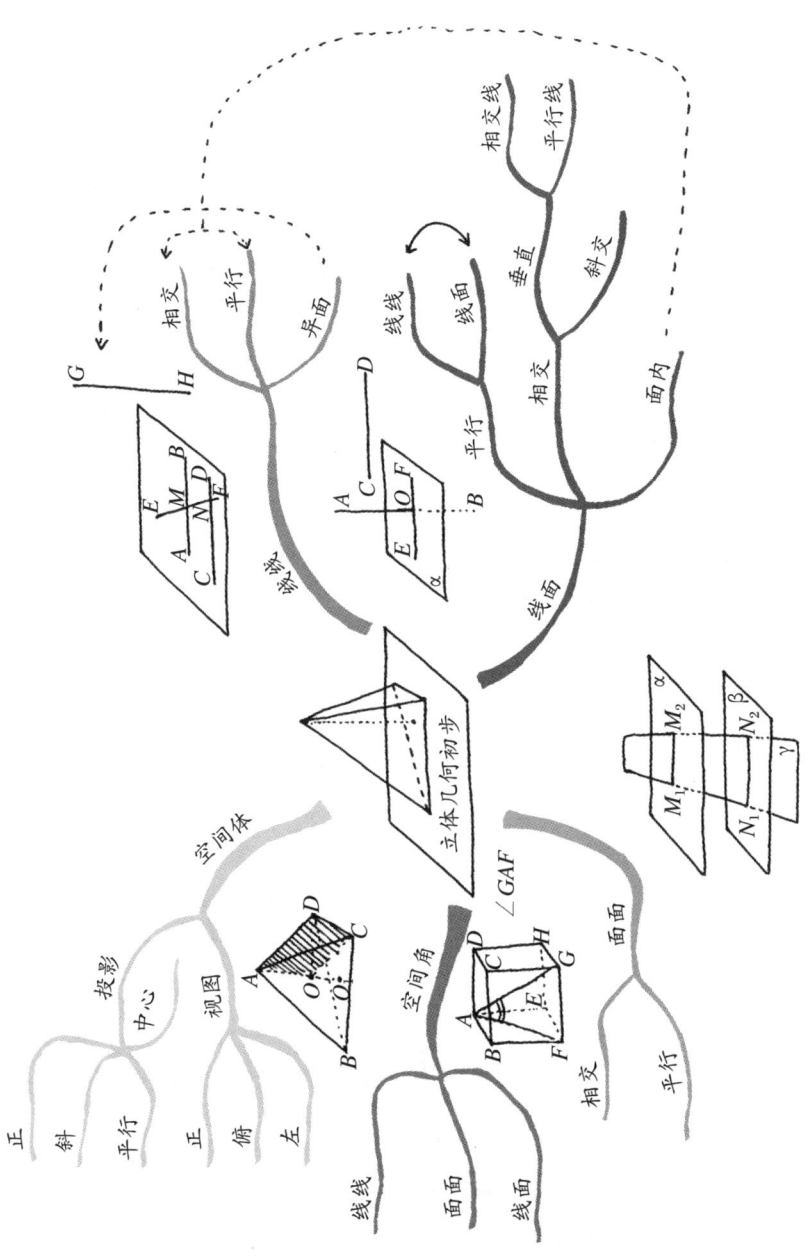

图2-6 再现导图

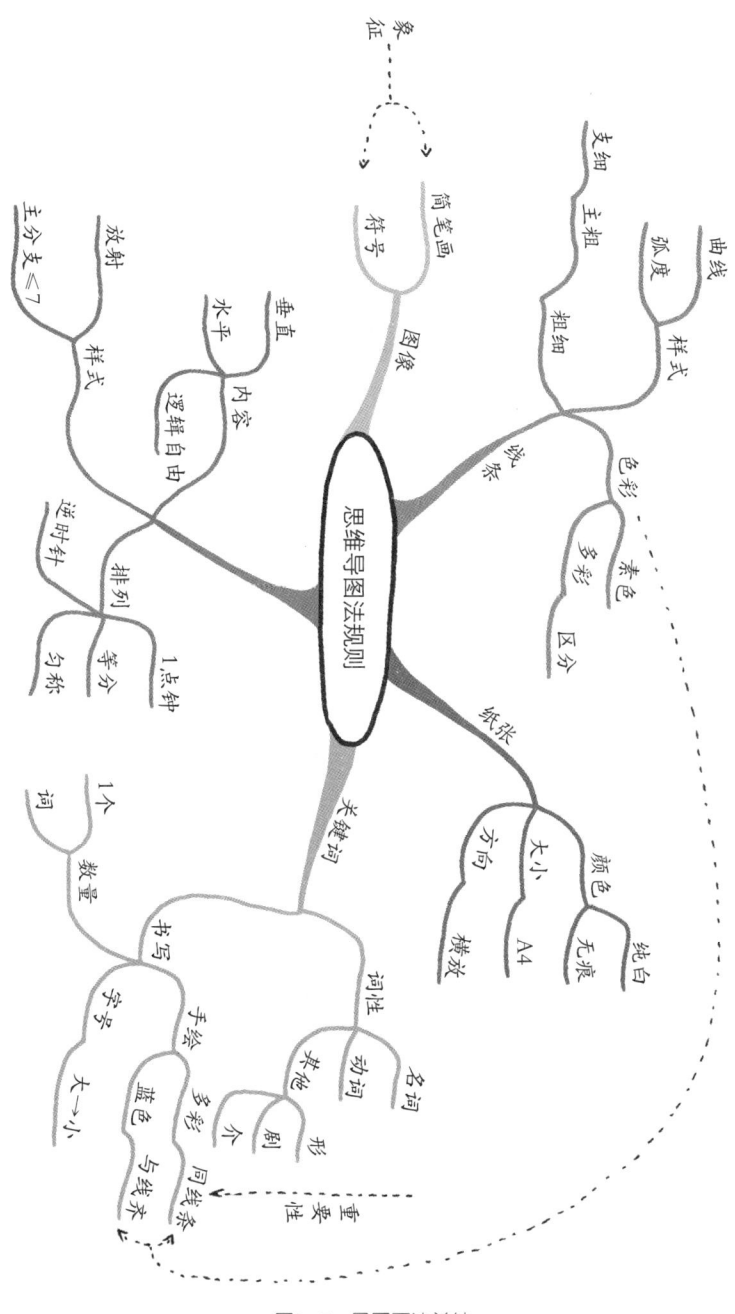

图2-7 导图画法总结

提炼准则：名动为主，形副为辅

上一节，我们在思维导图的绘制方法中强调了"提炼"的重要性。在实际辅导中，我发现很多学生在关键词的把握上还是不太准确，这也直接影响了思维导图的使用效果。

思维导图之所以简洁、高效，就在于语言表达的高度凝练。我们平时说话、书写时，为了使逻辑完整、表达流畅等，往往会使用大量的修饰语。比如，"今天的作文题太难了，我根本写不出来"，这个句子讲的是"作文难"，其他词语都是为了说明这个问题而补充进来的。如果放到思维导图里，我们最后留下来的关键词就是"作文"，因为它是我们想跟别人"诉苦"的根源。

单从捕捉信息的角度来看，我们只要掌握类似于"作文难"的内容就足够了，即把握句子最核心的成分。这一点很像语文课上的缩句练习——砍掉修饰成分，保留句子主干。

我们都学过句子成分的有关知识。通常，一个句子中的成分可以分为六种：主语、谓语、宾语、定语、状语、补语。前三项是句子的主干，这部分中的名词、动词是我们提炼时要着重考虑的内容；后三项是修饰语，这部分中的形容词、副词等，除非省略之后会使人对内容产生误解，否则不会将它们列入关键词中。

尽管我一再强调，写在思维导图上的词语要简明扼要，但总有孩子害怕自己写的内容过于简单，担心以后记不住。这种担心完全没有必要。之所以会出现这种顾虑，是因为学习观念没有转变过来。我们使用思维导图，是为了在发散思维中学习知识，不是机械地死记硬背，一切记忆都要在联想与理解的基础上进行。

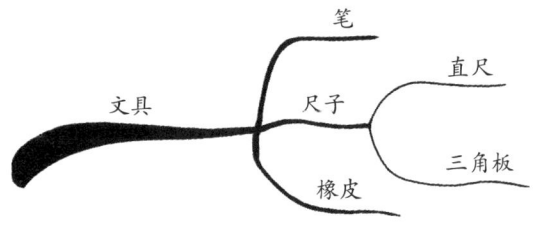

图2-8 能自动连词成句的思维导图

图2-8呈现出来的是思维导图的一个分支。虽然都是零零碎碎的词语，但却丝毫不影响我们的阅读。它讲述的是文具的属种概念：文具包括笔、尺子、橡皮，尺又包括直尺、三角板……一般说来，学完小学二年级的课程，我们的语言能力就已经初步形成，能将零散的词语组合成能表达一定内容的句子。小学语文课上做的"连词成句"练习看似简单，却非常有意义，它让我们阅读思维导图中的词语变得更加轻松。

因此，我们要充分相信科学，更要充分相信自己的能力。只要用心，大家就能快速进步。

把一本书变成一张纸

运用思维导图读书是一种很好的习惯。南宋理学家朱熹先生讲过："读书之法，在循序而渐进，熟读而精思。"把一本书变成一张纸的过程，其实就是在循序渐进、熟读精思。

我观察过一些学习成绩比较好的孩子，发现他们成绩好主要有两个原因：一个是他们对学习有较为浓厚的兴趣，很容易进入主动学习的状态；另一个是学习在他们看来相对简单，很容易获得成就感。让一个孩子发自内心地"主动学习"，这或许不那么容易做到；但让学习的难度相对降低，让他们获得成就感，这却是相对容易实现的。

学习的难点在哪儿？就这个问题，每一位家长、老师都会给出许许多多的答案。我认为，知识量庞大是最直接的原因。出于畏难的情绪，很多学生看到厚厚的书本就没了学习兴趣；他们也知道总复习的重要意义，可当堆积如山的复习资料摆在面前时，他们原本就不太坚定的信心很快就被击垮了，还谈什么学习、复习。因此，我的办法就是"把厚厚的书变成一张薄薄的纸"，首先让孩子觉得有信心。

思维导图可以把一本书变成一张纸，而且完成这一工作也不复杂，把握好前面提到的几个步骤即可。把一本书变成一张纸，一般分为以下四个阶段。

1. 浏览

在确定仔细阅读一本书之前，我们首先要花10分钟时间浏览全书，把握对全书的"感觉"。其次在A4纸中间画一个中央图，总结书的主题或者直接写上书名；书的封面和内页里有特别引人注目的彩色图像，直接画上去也行。如果你对下一步的理分支非常有把握，不妨同时画上主要分支。它们通常与全书的主要篇章或者章节符合，同时也符合你阅读该书的主要目的。

2. 设定时间和总量目标

这一点可以根据该书的内容、难度，以及你所具备的知识总量来决定，同时你还可以为本书的学习设定一个目标。等书全部看完时，可以对比看看读书的效果如何。

3. 用思维导图理出书中的知识

从这个阶段开始，你可以逐步完善分支上的内容。对教科书来说，第一张思维导图往往能构建出全书的主要框架。在必要的情况下，每一个分支都可以形成一张新的导图进行知识细分。如此一来，厚厚的一本书就能逐步变成条理清晰的几张纸。

4. 再现导图

对于一些理论性的书籍，再现导图是检验读书效果最佳的方式。此时应当按照我前面讲的"限时"中的内容那样，快速回忆书本内容，重新画导图，然后与原图对比，查看薄弱环节，有针对性地进行突破。

思维导图是一种创造性很强的思维工具，因此呈现在导图中的内容未必要与书本上的内容保持一致。如果是辅导类书籍，你可以在自己的思维导图中标注理解的难点与重点、薄弱环节、学习心得等；如果是名著读物，你可以在导图中标注出最感兴趣的地方，写出对书中内容的独到见解，也可以用不同的颜色将你对这本书的理解与作者的思想区分开来。

现在，请大家根据上面的步骤，查阅相关资料，然后自己绘制一幅"如何维护保养大脑"的思维导图。图2-9仅供大家参考。

我更喜欢"手绘"导图

计算机的功能是强大的，在我最初接触思维导图时，从没想过这样一种神奇的工具居然有一天能直接通过软件绘制。不得不说，随着各类思维导图应用软件的出现，思维导图的传播与发展又迎来了一个新的高潮。

和手绘思维导图相比，思维导图绘制软件确实有着诸多无法比拟的优势。

第一，绘制效率更高。大多数绘制软件都自带多种既定的绘制模式，包含丰富的图片信息，通过搜索、复制、粘贴、移动等简易的操作即可完成绘制，能够节约大量的制作时间，而且绘制出来的图形更为匀称。对时间、效率就是金钱的今天而言，这就是思维导图绘制软件最吸引人

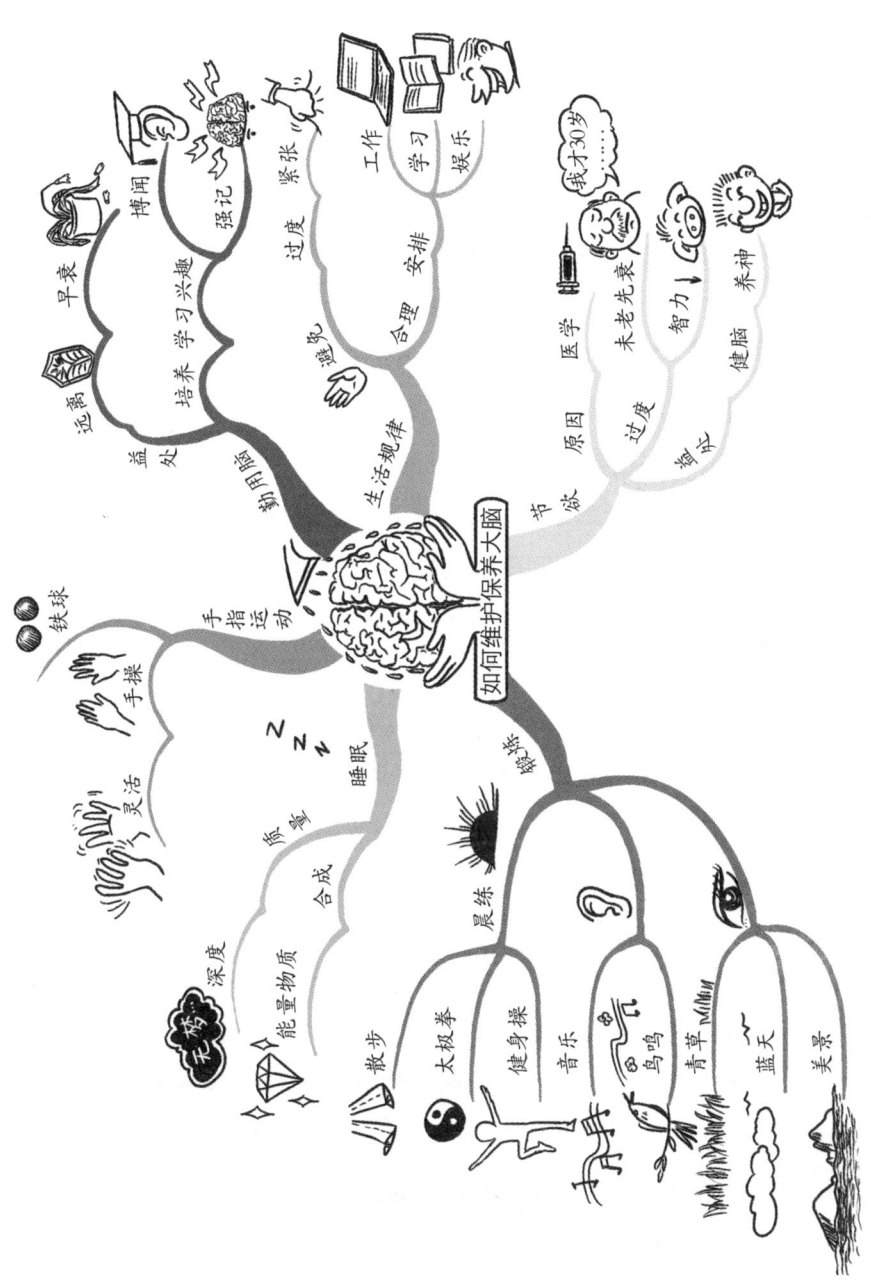

图2-9 如何维护保养大脑

的地方。

第二，易于修改、便于扩展。不论是在绘制过程中，还是日后的维护，用软件绘制的思维导图都能做到无痕修改，而且永远不会出现"纸不够用"的尴尬。

第三，兼容性强。用软件绘制的思维导图能够轻易地导到Word、PowerPoint、Excel等常用办公软件当中，并且可以制成图片，通过QQ、微信、微博等社交工具与他人交流、分享，更符合这个时代的需求。

第四，对字迹不好看、绘图水平不高的人来说，导图软件的出现无疑是一大福音，他们再也不用为字、画、线条的美观问题发愁，因而在展现最终的成果时也会更加自信。

不过，作为讲授思维导图的老师，我却很少使用导图软件画思维导图。因为我始终觉得，同冷冰冰的机器打交道不是一件充满乐趣的事情。画弯弯曲曲的线条，涂丰富多彩的颜色，这个过程让我觉得充满趣味；手绘导图的效率虽然相对低一些，但在脑海中留下的印象却比用软件绘图要好，大脑的记忆会特别深刻。因为手绘导图是一笔一画完成的，而软件绘图是通过鼠标的点击、键盘的输入，甚至是手指的点触完成的。

手绘是掌握思维导图的基础，通过不断手绘，可以快速地在我们的大脑内部建立起神经连接，慢慢培养出发散性的思维模式和全面思考问题的良好习惯，从而更好地发挥左右脑的功能，让大脑能做出更多尝试。无论是从线条走向、图案添加、颜色运用，还是从整体内容的布局来看，手绘导图都能促使我们的大脑做出更多的创新性思考，有利于大脑潜能的开发运用。

从本质上来讲，用软件绘图好还是手绘好，这是一个习惯问题，没有绝对的优劣之分。我从来不强求习惯了通过电脑、手机，使用软件绘制思维导图的同学改用手绘。相对于形式的选用，最重要的还是要掌握方法。只有牢牢记住绘制思维导图的原则、掌握绘制的重点、懂得结合大脑的特点用巧劲,同时勤练习、多温故,思维导图才能最大限度地发挥作用。

图2-10　使用思维导图工作,充满乐趣

学习感悟

第四章　熟能生巧，一通百通

游刃有余、挥洒自如、滚瓜烂熟、炉火纯青、出神入化……这些朗朗上口的成语讲的都是一件事——熟能生巧。要想画好思维导图，就必须勤加练习；画得越多，越能发现自己的不足之处。"画满50张导图"，这是我给所有学员设定的入门目标。一切所谓的方法、技巧，最终都离不开"量变到质变"规律的指导。

我的1小时导图课

一般说来，初次接受思维导图培训的家长或学生都会问我这样一个问题："崔老师，我是否适合学习思维导图呢？把思维导图学会需要多长时间呢？"每当见到大家那一双双充满求知欲的眼睛时，我都会以一种极度肯定的语气来打消大家的顾虑。思维导图很容易学，每个人都能很快学会，成功率百分之百！当然，不同的学员，学习的基础不同，对思维导图的应用需求也不同。依照听课对象的特点，我的思维导图课程可以分成四类：给成人辅导、给学生培训、给企业培训、给教师培训。

1. 给成人辅导

我的"成人辅导课"，课时约为1小时。我印象很深刻，2016年年底，有一位姓黄的女士专程从沈阳坐动车来长春找我学习思维导图。上课之前，她和其他学员一样，不确定自己能不能学会，结果课上完之后,她感慨了一句:"上课的时间还没有坐动车来的时间长,但是收获很大。"

随着生活节奏日益加快,城市规模日益扩大,1小时在很多人的眼里都不算一回事。这点时间可能看不完一档综艺节目、吃不完一顿带有聚餐性质的饭,对生活在北上广等特大城市的上班族而言,这点时间甚至还不够他们从家里折腾到公司。但通过我多年的教学实践证明,1个小时足够让一个没有基础的成年人学会使用思维导图。时间都是利用起来的,利用率越低,浪费量越大。我推出它的另一个目的,就是提醒学员"别把零碎的时间不当回事",好好利用,用好小时间也能干大事。

2. 给学生培训

相对于一般的成年人而言,给学生培训思维导图的时间要长一些,大约为2个小时。其中的1小时与成人辅导课没有区别,多出来的1小时主要用在两个方面:在课前对学生的心理状态进行调整,在课后督促学生"趁热打铁"进行练习。

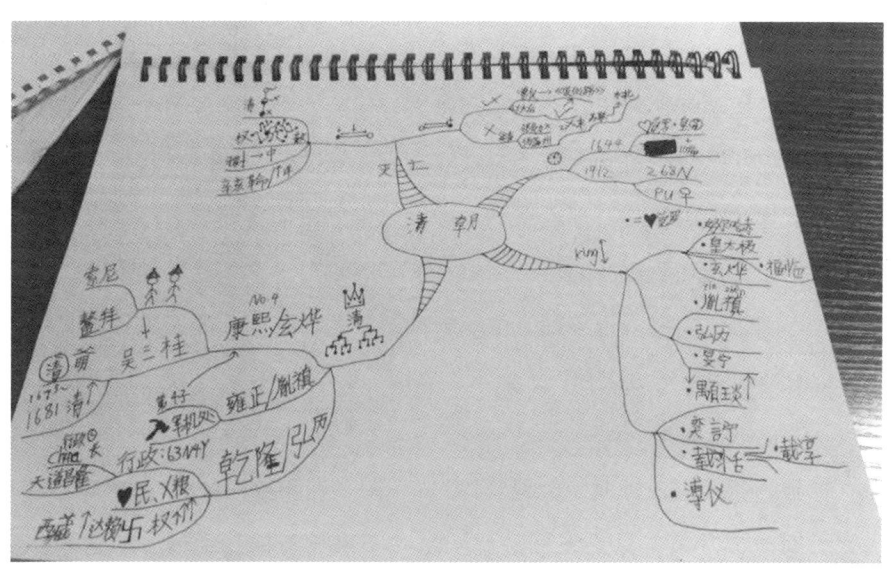

图2-11　学生导图作品实拍

对学生来说，这两点安排很有必要。孩子生来爱玩耍，几乎不会有孩子主动牺牲假期来到我这儿"补课"。我自己还是孩子的时候，也认为"睡懒觉""玩游戏""出去浪"都比补课强。说得更直白一些，来我这里的孩子多半是被家长"逼"来的，所以我得先和这些孩子"搞好关系"，否则当他们产生抵触情绪时，不管你讲得多用心，他们都会"左耳朵进，右耳朵出"，讲100小时也不会有效果。

孩子的悟性一般都比较高，但忘性往往也比较大，"趁热打铁"练一练，一来是为了告诉他们课程还没结束，二来是为了督促他们练习巩固。永远不要跟一个正在玩耍的孩子谈学习。为什么这么说？家长可以换位思考一下，当你打牌顺手的时候、看电影看到想笑想哭的时候、逛街"买买买"到极具成就感的时候、聚会聊天到"不吐不欢"的时候、喝酒喝到"不醉不归"的兴头上的时候，孩子叫你回家你乐意吗？所以，如果孩子想玩，最好的方法就是谈妥了之后放他们去玩，否则孩子会极度讨厌你，并且直接增加下一次你与孩子顺畅交流的难度。

3.给企业培训

我也给企业做集体培训，这种培训的时长大概为1天，但其实算下来也就几个小时，比如早上9点到下午4点等。和给孩子培训一样，给企业员工集体培训的第一步也是调整状态。一般说来，这个过程叫"热场"。站在员工的立场换位思考一下：每个人都有自己的事情要做，突然要占用大家一天的时间来搞培训，完成月度计划可能要因此受影响了、和同事"扯闲篇儿"受限制了、某某网的限时优惠券抢不到了……要是哪个领导跟我说大家都非常乐意来参加培训，我一定会面带微笑地先说一声"太好了"，然后在内心嘀咕一句"这小子又骗我"。

"热场"不是单纯地讲段子，而是要让大家明白，牺牲的那些业绩、闲篇儿和打折商品是有价值的。先要获得听众的认可，我才能往下讲课，因此要把各种重点、段子、包袱一股脑儿抛出，让大家在欢笑中

图2-12 为太平人寿保险延吉分公司的员工培训

产生"原来如此"的顿悟,发出"so easy(这么简单)"的感慨。剩余的几个小时,我会讲一讲思维导图与工作的联系,让大家觉得,它不仅仅有用,而且很好用、实用。

4. 给教师培训

进入学校给教师培训其实跟企业培训差不多,时间通常为1~2天,但教师作为一种特殊的员工群体,给他们做培训又与给一般的企业培训不同。因为他们既是我讲课的受众,也是知识再次传播的发起者。师者,传道、授业、解惑也。教会一名教师使用思维导图,相当于为千百名孩子打开了一扇接触思维导图的窗口。

因此,给教师做培训除了讲思维导图的原理、方法等必讲的内容,我还会重点讲述大脑的规律、教学技巧等内容,并且辅以大量练习,确保教师们能够真正地将思维导图这种工具带到课堂之中,减轻他们的备课压力,同时给孩子们提供一种行之有效的学习方法。

图2-13 在养正高中讲学,推荐用思维导图引导学生培养目标

"导图高手"的8个好习惯

我总是要求自己,一定要用最浅显易懂的方式、最幽默风趣的语言,让大家在最短的时间内掌握思维导图的核心内容。核心、关键的内容掌握得越快,人们的"获得感"就越多;现场学习效果越好,人们背负的畏难情绪就越少。

可能是因为我把思维导图讲得"太容易",不少学员在听过我的课、收获了"豁然开朗"的感觉后,就对这种工具"置之不理"了。这是我非常头疼的问题。

学会任何一种本领,都必须经过"知道、了解、掌握、精通"这四个环节。我的思维导图课,不管把内容讲得多么透彻,最多也就帮大家扫清了"知道""了解"这两个环节的障碍；课上的大量练习，最多是把大家推送到"掌握"的水平。要想达到"精通"，就必须经过"熟能生巧"的过程让其升华，也唯有达到"精通"的境界，思维导图才能充分地发挥作用。"浅尝辄止"始终是每个人取得突破与飞跃的最大绊脚石，开了200公里车程的新手司机和开了2万公里车程的老司机一定是不一样的；画过2张思维导图与画过100张思维导图的人，他们对思维导图的理解也一定不同，而思维导图给他们带来的回报也一定不一样。所谓"知道做不到，等于不知道"，说的就是这个道理。

通过多年的教学观察，以及与孩子和家长的沟通，我发现那些导图画得特别好的人，他们的身上有许多共通点，概括起来主要有以下8个方面。

（1）将思维导图真正融入生活，并且尝试用导图分析、指导生活。

（2）思维导图是平时思考、学习的首选方式，一有空就加以练习。

（3）有计划地强化关键词提炼能力，不管是中文还是英文，每读一篇短文就划出里面的关键词，提升思维导图的概括水平。

（4）看到好的文章就会自觉地把它变成思维导图，使之融入大脑。

（5）随身携带至少1张思维导图，有空就复习、回忆。

（6）看到优秀的思维导图就辑录下来，然后学为己用。

（7）有至少一个对思维导图感兴趣的伙伴，并且愿意教他人使用思维导图，既能督促自己，又能帮助别人。

（8）不厌其烦，及时复习、再现过去画好的思维导图。

仔细想想，这些好习惯，不都是"学而时习之"的真实写照吗？所以，我在课堂上会非常明确地告诉学员：没画过50张思维导图的人，别说你学过思维导图。我之所以这么说，就是想告诉大家"量"有多么重要。现在，这句话已经在我们的学员中广泛流传了。只有真正练过的人，才能感受到什么叫"立竿见影"。如果你总在抱怨思维导图不好用、没有用，我的建议是先自我反省，看看自己到底画了多少张思维导图。

"听我多讲"不如"自己常画"

南怀瑾先生曾在他的著作中探讨过"道"的由来。依照南先生的观点，道即庄子所谓的"自本自根"，存在于每个人的身上，与生俱来。为什么人们常说"悟道"？因为不悟透，道就出不来。名师传道，老师能做的，不过是传授自己的人生经验与先进方法，只有学生自己不断思考、不断历练，最终才能习得。《庄子》一书中记载了许多故事，其中一则意味深远，读来让人回味良久。

齐桓公在堂上读书，木匠在堂下做车轮。木匠停住手中的活问桓公："您读的是什么？"

桓公漫不经心地说："圣人之言。"

"圣人还活着吗？"

桓公说："已经死了。"

"那么说您读的只是古人留下的糟粕了？"

桓公听了大怒，说道："我在这里读书，你有什么资格说三道四？今天你说出个子丑寅卯倒还罢了，要是说不出来，我就处你死刑。"

木匠不慌不忙地来到堂上，对齐桓公说："我这道理是从做车轮中体会出来的。榫眼松了，省力而不坚固，紧了则半天敲打不进去；我可以让榫眼不松不紧，然后不慌不忙地敲进去，得之于手而应之于心，嘴里虽然说不出这松紧的尺寸，心里却是非常有数的。但我心里这个'数'，无法传给我的儿子，儿子也无法从我这继承。所以我都60岁了，还在这里为您做车轮。圣人已经死了，他所悟出来的深刻道理早已随着他的死亡而消失了，能用语言表达出来的，都是肤浅的道理。所以我说您读的书不过是古人留下的糟粕罢了。"

我为什么要讲这样一则故事？就是因为我在实际的教学中，对这一点深有感悟。

我现在依旧记得自己登上讲台第一次讲思维导图时的样子。那时很多人都没听说过"思维导图"，我当时也只是在课堂上简单地介绍了一下，没想到在场的听众非常感兴趣。于是，我满怀着激情与喜悦，首次在公开的场合简单但系统地讲完了思维导图。

我清楚地记得，那次课后有不少听众赶到前台来向我咨询有关思维导图的内容，其中不乏想赚钱的员工、想把学生教好的老师、想学习进步的孩子……随着思维导图在中国的知名度越来越高，有越来越多的人希望通过使用这种工具来让自己受益，如提高学习成绩、提升工作业绩、加强管理效果等。现在市面上也出现了许多与思维导图相关的书籍，编写得都非常用心。也有许多老师专门辅导思维导图，我也听过一些老师的课，感到受益匪浅。为了让更多的人能真正学会使用思维导图，我也尽可能地把课讲得细致、通俗、易懂，希望能给更多的人带来切实有效的帮助。

可是，20多年过去了，我发现有很多问题并没有随着时间的推移与思维导图培训力量的增强而解决，我把课讲得越来越简单，但很多人依旧认为思维导图"看不懂""难使用"，不少新学员甚至因为这些反馈而对学习使用思维导图产生了恐惧感，不停地质疑自己："我能学会吗？""多长时间能会？"；一些学过思维导图的人也常常跟我反馈说："每次崔老师您一讲我就懂了，但听完我就又不懂了。"反馈这些信息的人并不在少数，这让我感到非常困惑，难道思维导图这种神奇的工具就只能被少数人学会吗？难道那些天资并不聪慧的人最后学会思维导图只是一种巧合吗？

经过3年多的跟踪，我似乎找到了问题的根源所在。很多时候，人们判定一件事情非常难，并不是因为这件事情本身有多难，而是人们觉得它难，在学习思维导图这件事上亦是如此。我每次讲思维导图的时候，都会给所有的听众推荐托尼·巴赞先生的书，因为这真的是一本编写得非常用心、细致的书，然而很多人认为这本书非常难懂，并将它当成学不好思维导图的一个重要原因。其实，看不懂在于自身没有形成看书的习惯，大家只是觉得这种工具很神奇，似乎能涨分、能赚钱、能带来很多好处，因此不少人对它表现出了极大兴趣，但内心并没有读书的需求。如果这是一个拿来就能用的工具，我相信人们都会使用它；但问题在于，它和世上千千万万有效的方法一样，是一种需要反复练习才能掌

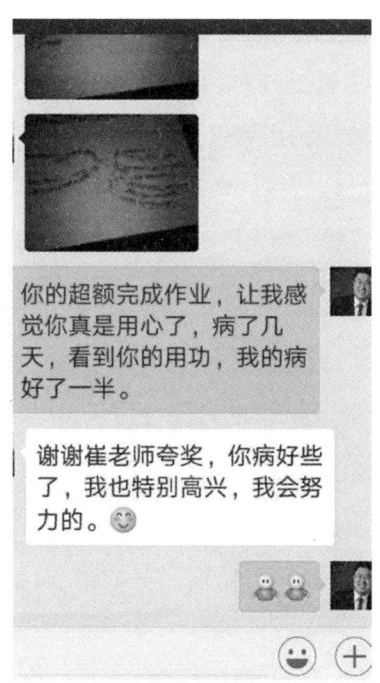

图2-14　我为"主动落实，要求进步"的学生感到由衷高兴

握的技能，所以不少人也就因为"嫌麻烦"而将它抛之脑后了。

出现这种问题的本质，还是因为没有形成良好的学习习惯。著名教育家林格教授说过，教育就是培养习惯。他出版的一本书就是以这句话命名的。这本书把培养学习习惯的问题讲得很到位，每读一次我都感触颇深。然而每次读完，我又会为疏于落实的学生感到惋惜。孔子曾讲过"学而时习之，不亦说乎"，也讲过"温故而知新，可以为师矣"。人人都能倒背如流的浅显道理，为什么一到落实就做不到呢？一个人如果培养了好习惯，一生都享用不尽其中的利息；如果培养了坏习惯，他一辈子都还不清由此带来的债务。

正所谓"性相近，习相远"，修道不可执着于道的名相，不然只会流于表面。很多人总是学不会、用不好思维导图，就是因为把重点放在"听我说"上面，而没有"自己做"。大家都长于理论而短于实践，所以一段时间之后就把"知识"还给了我。

"九层之台，起于累土；千里之行，始于足下"，我希望有越来越多的学生能真正把思维导图用起来，能有更多学有所成的学生出来分享思维导图的使用心得，以一带面地影响他人。这个过程很漫长，但我有信心走下去，我相信"要求向上"的人始终会是大多数。

学习感悟

第五章　人人都说导图好

教学期间，我收到了无数教师、家长、学生、员工的反馈，坚持画思维导图的人，都受益匪浅，人人都赞导图好，这也成了我坚持教育工作的最大动力。正所谓"天道酬勤"，上苍永远都会酬劳勤奋的人。

缓和家庭矛盾：心平气和聊学习

我平时讲的课主要分为两块，一块是思维导图，另一块则是家庭教育。讲思维导图，其实也是为了做好家庭教育。我的家庭教育课程涉及各种关系，如与父母长辈的关系、夫妻关系、与自己的关系、与财富的关系、与工作的关系、亲子关系等。人们习惯性地将家庭教育理解为亲子关系，这其实也无可厚非，因为亲子关系确实是家庭教育中的核心部分。亲子关系当中有两大主题——素质和成绩，大家都知道素质教育排在第一位，可就目前的大环境来说，谁也摆脱不了学习成绩对亲子关系的影响。说得更直白一些，孩子的学习成绩不好，父母多少要为这件事情发愁，亲子之间的关系往往也容易出问题。解决了孩子的学习问题，涉及亲子关系的家庭矛盾就能基本解决。

曾有一对父子来到我这儿咨询学习方面的问题。在见面的第一刻，我就觉得这位父亲的心中积攒了无数"恨铁不成钢"的怒火，而孩子的脸上仿佛也写满了"你管得太多"的怨恨。聊了一阵子，我感觉这对父子之间的关系非常僵硬，互相不领情、不买账，因此有必要单独跟他们谈谈。

简单地考虑一下后，我决定先跟孩子聊，这样不至于让孩子觉得我跟他父亲是提前"串通好"的。

经过十来分钟的交谈，我觉得这个孩子至少没有叛逆到我想象中的那种程度。这个十二三岁的初中男生，刚刚有了一点男子汉的气概，对一些刺激性的事物感兴趣，喜欢打球，有自己的偶像，爱玩游戏，萌发了初步的性意识，学习成绩在班级位居中游……也许是我接触了太多这样的孩子，我并没有觉得他的身上存在哪种必须立即纠正，否则就会严重影响学业的恶习，更没有他父亲之前在电话里跟我说的"不可救药"那么可怕。

所以，我试探性地问了问他对父亲的看法，没想到这个孩子的脸色立即就变了："不想聊那个疯子。"当然，在我的旁敲侧击和软磨硬泡下，这个话题还是被打开了，而我和孩子的聊天，最后也演变成了他对父亲的"吐槽"，问题的症结就是他的学习成绩。

原来，这位父亲是位典型的"严父"，之后我在同这位父亲聊天时也证明了这一点——凡事都希望孩子能做到最好，并认为只有这样，孩子在进入社会之后才不会吃亏，才能有大出息。这个道理是不错的，但在实际的教育中，这位父亲的做法我认为有待商榷。

很多家长在面对孩子的成绩时不敢表扬。孩子考80分，家长会问为什么连90分都没有考够；孩子考90分，家长说要向考100分的学习；孩子考了99分，家长要孩子反思那1分丢哪儿了；当孩子真考了100分时，家长又说要继续努力，不要骄傲。根据我的观察，有这种想法的家长不在少数，而且在他们的观念中，这么做是在教育孩子要"保持谦虚"，因为"满招损，谦受益"，也就是人人都知道的"谦虚使人进步，骄傲让人落后"。

其实，表扬和赞许不一定会导致孩子自满，有时必要的表扬和赞许反而能让孩子迅速进步。我认为在教育孩子的问题上，应当多站在孩子的视角换位思考。孩子在学习上渴望得到家长的表扬和赞许，就跟我们在工作上渴望得到上级和客户的赞许一样。想象一下，如果我们一连几年都没有被赞许过，没有被认可过，相反还要被上级、客户教训"我觉得你做得不够好"，我们的工作还能干得下去吗？没错，我们会"反抗"，炒上司的"鱿鱼"、跟客户"断交"，因为他们没有提供给我们想要的东西。但孩子显然没办法这样对待家长，所以他们就会表现出"不听话""不服管""不回家"的逆反心理，原因在于家长没有给他们提供应该给的东西——让他们的内心得到安慰与满足。

"赏识"有助于孩子在学习上取得成功，"抱怨"肯定会导致孩子学习上的失败。从到我这里咨询的孩子来看，真的没有笨孩子，更多时候，是家长对孩子的期望太高，留给孩子进步的时间太少。特别是当"别人家的孩子"非常优秀时，家长们望子成龙望女成凤的愿望就更加强烈，生怕自己的孩子比不过别人，觉得面子"挂不住"。

面对孩子的不足，我们要坦然接受，但更重要的是帮助他们解决问题。然而我们在更多的时候，只是拼命地让孩子努力，不断地严格要求他们，却没给他们提供切实有效的方法。于是，学生成了当下最累的一群人，经常要早出晚归。自踏入校园开始，很多孩子就没好好享受过几个完整的休息日和假期。学习成绩不理想，既不讨老师喜欢，又不能让家长满意，孩子怎么可能不焦虑、不痛苦、不厌学？其实孩子也很委屈，谁不想成为一个成绩优秀的"聪明孩子"呢？

我认为，任何一对父母与子女之间的深厚情谊都是与生俱来的，单从十几年的陪伴成长与骨肉亲情来看，诸多外力因素就难以使其动摇。但是，现在很多父母与子女之间的关系确实不融洽：家长认为自己在孩子的教育上花了不少精力、成本，但孩子却没有取得让他们满意的成绩；孩子认为自己已经非常努力，但家长却似乎只看到了成绩。

其实不难看出，学习成绩的问题解决了，紧张的亲子关系也就缓和了。因此,家长无须苦口婆心地跟孩子说"爸爸妈妈是爱你的,希望你明白这一点"。孩子心里清楚得很,很多时候看不清楚的,反而是家长。

后来,我把这对父子一块叫了过来,教他们使用思维导图。一来,希望孩子能对原本绝望的学习重新燃起兴趣;二来,让关系僵化的父子能在共同画图的过程中渐渐找到一些共同语言。我不担心孩子做不好,我担心的是家长不把我的这个建议当成一回事。所以,我在教完他们画思维导图之后,送走他们之前,特地叮嘱了这个孩子:"你一定要监督你的爸爸跟你一起画思维导图。他不画,也许就会影响你的学习成绩。"孩子似乎迅速领悟到了其中的"重点",斜着眼看了看他的父亲,用一种奇怪的语调嘀咕了一句:"他才不会做呢,训我倒是很厉害。"望着这对父子离去的背影,我深深地叹了一口气:"唉!孩子和家长都不容易。"

图2-15 每次培训结束,都有很多家长找我咨询解决孩子学习的问题

差不多隔了一年，这对父子又来我这里做咨询了，这次还叫上了孩子的母亲。一年的时间，这个男孩明显变得阳光帅气了，父子之间的关系也缓和了许多。虽然偶有"拌嘴"，但那明显是属于父子之间互相调侃的玩笑。据孩子的母亲说，他的孩子在过去的一年里变化惊人：学习成绩在班上前进了十六名，现在稳居班级前五；学业变重了，休息的时间反而变多了，每周末还能和他的父亲一块儿打篮球。相对于提升的成绩，她觉得更宝贵的是孩子现在的状态，孩子能在家里跟父母、亲人好好说话，能够主动自觉学习，她认为这比什么都重要。现在，他们也不再跟孩子提"考第一"的要求，但孩子反倒会给自己定任务、树目标，这让他们喜出望外，正所谓"有心栽花花不开，无心插柳柳成荫"。

在这里我也建议每位家长都反思一下自己：上次发自内心地表扬孩子是什么时候的事情了？

为厌学者燃起"希望之光"

为什么会厌学？多数是因为学习者在学习的过程中没有收获乐趣。法国伟大的启蒙思想家、教育家卢梭早在18世纪时就说过，教育的问题不在于教学生各种学问，而在于培养学生形成爱学问的兴趣；当这种兴趣充分增长起来的时候，再教他研究学问的方法。没意思的事情，谁愿意主动去做呢？每个人都知道早起锻炼身体是有好处的，但真正能将"有好处"的事情坚持做下去的人又有多少呢？

我曾经和一位朋友聊过这件事。我说："你早上可以早起半个小时，在家锻炼一下，这对你的身体恢复有好处。"结果这位朋友说："每天工作太辛苦，早上实在是没有时间啊。"我当即反驳道："你起不来的真正原因是没兴趣，同时也不着急，否则无论几点你都能起得来。"朋友却不以为然地说: "我可是忠实的体育迷,怎么可能对体育运动没兴趣?但我早上真的起不来,不骗你。"事实是怎样的呢?他确实是忠实的体育迷,但仅局限于看球而已。2016年世界杯期间,他热爱的法国队,好几场比赛都在凌晨3点到4点直播,最后的几场决赛也都在凌晨进行,然而他一场都没有落下,靠着闹钟准时起来了。

图2-16 学知识的过程一定是痛苦的,所以我要尽可能让它变得快乐

因此,这件事情"有好处",不一定能让你去做这件事情;但对这件事情真"有兴趣",你就一定会想方设法去做。"孩子,你要好好学啊!这对你有好处啊!"这是很多家长苦口婆心的真实写照。孩子其实心里明白,但就是没兴趣,不仅你拿他没辙,他其实自己也没辙。不过,我用思维导图让不少原本厌学的孩子看到了希望。

说一个最典型的例子吧,那已经是两三年之前的事情了。当时,一位母亲领着女儿来到我这里辅导，隔着很远的距离，我就能从她们的脸上读出"绝望"二字。她的孩子已经到了极度厌学的地步，辍学在家已有8个月，大好的青春时光不是在睡觉，就是在玩游戏。"我不指望她有什么出息，但好歹给我混个高中文凭出来，不然出去打工都没人要！我们家条件不好，没办法养她一辈子，读不出书的女孩子，到社会上还能干什么？她能靠什么本事吃饭？……"说到这里，这位母亲泣不成声。之后，这位母亲还说了很多话，具体内容我已经记不清了，那个女孩坐在一旁一言不发，但我明显感受到了她心中的极度不耐烦，以及因为母亲话多而带来的压力。

之后和这个女孩聊天时，我也感受到了她对我的"强烈抵触"，因为在她的印象里，我扮演的也是一名"说教者"。所以，第一次聊天时，我几乎没跟她聊学习方面的事情，专聊她觉得有意思的内容。渐渐地，她对我不那么抵触了，也开始主动找话题和我聊天。我见情况出现转机，便借机跟她说："我教你一个好玩的东西，跟画画一样。"她很快就学会了。我告诉她，遇到想不通的事情，像这样画一画，也许就想通了。这就是我对她的第一次辅导。

临走时，我送给了这位母亲一张光盘——《圣贤教育改变命运》。通过这些年的教育经历，我发现了一个有意思的现象：许多家长找到我，想让我给孩子辅导，而我却发现每一个有问题的孩子背后，都有一个有问题的家长。我送给这位母亲这张光盘，就是希望她能反思一下自己的家长角色是否扮演到位。如果她不看，我也就不会再接受后续的咨询工作了；如果她看了，一定会发生特别大的变化，因为我能大概知道下次她再跟我打电话时，可能会聊些什么内容。

过了一段时间，这位母亲又带着她的女儿来了。这次，她的口吻明显比之前柔和。她是专程过来致谢的，一方面是我送她的光盘确实有用，她也反思了自己作为母亲在教育女儿方面的失职；另一方面是因为我教她孩子画的"思维导图"似乎有点儿作用，让孩子之前颓废的学习状态出现了转变。现在她只要没事就会拿笔画一画，前前后后一共画了30多张。我仔细看了看她拿过来的那些思维导图，虽然谈不上好，但确实都很用心。在我看来，画个一两张可能是应付，能在短短时间内画30多张，说明她已经接受了这个工具。

有了第一次交流时建立的信任，我开始尝试性地引导这个女孩用思维导图来看书、学习，没想到她居然不排斥。我没跟她讲什么大道理，只是告诉她："你就用这个工具，去看你曾经觉得枯燥、困难的教科书。慢慢来，不着急，就跟你平时在家画着玩儿一样。教科书很枯燥，所以你要想办法让它们变得有趣一点。"

我没想过这样一个辍学8个月的孩子在短期内能取得怎样的成绩，但她确实给了我很大的惊喜。半年之后，她的家长又一次带着哭腔给我打了电话，不过这次是报喜——她的孩子不再厌学了，并且在月考时考了全班第四。孩子能在这么短的时间内取得进步，这给了我巨大的信心。连辍学8个月、极度厌学的孩子都能出现重大转变，还有什么孩子是不可以被改变的呢？

后进生如何"后来进步"

我从来不用"差生"来定义那些学习成绩不好的孩子，我更倾向使用"后进生"这个概念。我不相信哪个孩子天生就笨，因为我相信通过思维导图的学习，他们会在"后来进步"，这一点也符合孔子提出的"有教无类"的思想。热爱一个学生就等于塑造一个学生，厌恶一个学生就等于毁掉一个学生。身为教育工作者，我必须对学生怀有大爱之心。

为什么学习成绩会不好？过去很多家长将它归结于不够"聪明"，

或者是不用功。比如，"你看看人家孩子能考100分，多聪明啊！你咋就只考了65分呢？咋那么笨呢？你看人家多努力，你咋就不行呢？"现在，一部分家长的观念转变了，认为孩子成绩不好还与方法不对有关。对于后面这一观点，我是赞同的。

有关学习方法，真要讲起来，绝对可以著书立传，而且古今众多教育家都在探讨这个问题，无数优秀的学习理念也都被出版成了铅字，在全世界范围内跨时空传播。但是，考虑现在的社会实际情况，大家都很忙，时间都非常宝贵，真正能耐下性子读完一本厚厚的学习类书籍并不容易，而且更多家长的"刚需"是：希望能在短时间内让自己的孩子学会一种简单而有效的方法，让成绩迅速提高。

思维导图就是一种适应性非常强的学习方法，不仅能完美涵盖各门课程，走向社会后还能灵活应用于工作生活中。可以说，思维导图是一种简单易学，却又能让人受益终生的工具。我把它称为"可以改变命运的思维工具"。

思维导图究竟能发掘出"后进生"的多少潜能呢？我若说让二本都考不上的孩子考上重点，你或许会认为我是在吹牛，但这种在影视剧里才有的励志故事真的就发生在我的教学经历中啊。

我曾辅导过一个孩子，他的成绩非常一般。乍看之下和前来辅导的其他孩子一样，没什么特别之处，我也没有特别关照他，只是给了他"标准化"的辅导：聊天打开心结、讲透思维导图的原理与画法、有针对性地练习。要不是回过头翻看教育记录，我都记不起自己曾给这个孩子上过课。

然而，正是这样一位在老师、家长眼中考二本都困难的"后进生"，却一举考到了世界名校50强中的英属哥伦比亚大学，远远超出了家长与学校所有老师的预期。有关这个孩子后来的进步，我一直到孩子家长给我打电话报喜时才知道。

家长告诉我，思维导图对孩子的影响非常明显，孩子过去基本不会主动看书，一般都是手机、平板电脑在哪儿，人就在哪儿。后来就不一样了，孩子不管走到哪里都会随身带一本书，一有时间就会翻开看看；思维导图还让孩子喜欢上了写作文，使孩子在好几次的语文考试中，作文都拿了年级最高分。在这位家长看来，孩子是因为突然找到了对的学习方法，所以学习成绩才会突飞猛进。后来有许多家长问我，为什么这个孩子进步如此明显？我只对他们说了两个字——落实。

这并不是个例，类似的"后进生"进步案例真的太多太多了，他只是其中的一个典型。我从来不相信有"笨孩子"，我只相信有没找到"好方法"的孩子。永远不要低估孩子的能力，因为他们往往能带来出乎意料的惊喜。

让自卑者认为"我能"

从心理学角度来说，自卑是受"比较—评价—刺激"这种连锁机制影响而产生的结果。自卑者之所以自卑，就是因为他们打心底里觉得自己处处比不上别人，这是一种亟须调整的状态。让学生不自卑，这也是教师分内的工作。苏联时期的杰出教育家马卡连柯就说过："培养人，就是培养他对前途的希望。"一个对前途充满希望的人，又如何会自卑呢？

通过多年的教育工作，我发现家长对孩子在学习上的"自卑"关注较少，大家的关注点往往都在更明显的现象上，如考试分数不高、学习不积极主动、注意力难以集中、做题粗心……其实，一个孩子如果在学习上感到自卑，上述这些现象都可能发生。

相对于学习成绩糟糕，我认为孩子在学习上感到自卑更可怕，更应该引起家长们的重视。方法不对可以改正，不懂的新知识可以学习，但如果不相信自己，连掌握新知识的欲望都没有，这才是最糟糕的事情。

不少孩子看到难一点的题目就直接跳过，根本不进行思考；只要课文太长，就觉得自己背不下来；只要看到题目要求写"议论文"，就觉得自己下不了笔；只要看到多项选择题，就觉得自己失误率会非常高……可以说，有相当一部分学生的成绩不好，其实都算不上学习不认真，也算不上思想开小差，完全是因为还没有进入学习应有的状态。如果说探求知识是提高学习成绩的第一步，那么这些自卑的孩子就是因为"信心"不足一直停留在起点，对自己的学习能力充满怀疑。

如何让孩子走出"自卑"的状态？我认为最直接有效的方法就是让他找到"会"的感觉。如果过去他只能考70分，当他能随便考80分时，他的自卑状态就会好转，因为分数给了他肯定，家长和老师也会给予他表扬；如果过去能考70分，偶尔一次只考了60分，在分数已经给了他教训的前提下，家长和老师继续否定他，那么他的"自卑感"很快就会滋长起来，因为他深切感受到的是"自己不行""啥都不会"。

对自卑的孩子千万不要说教。说教是家长最习惯、最省事的教育方式，却也是最容易伤害孩子、被孩子无视，最后让家长自己寒心的教育方式。因为你会觉得自己苦口婆心半天，到了孩子那却成了转瞬即逝的"耳旁风"。

如何让孩子在学习上找到"会"的感觉呢？那就是利用思维导图，系统梳理各学科的知识，具体做法我在第三篇中有详细介绍。基础知识打牢固之后，解答简单的题目自然不在话下，难题也可以被拆解成多个简单的题目。这样一来，学习成绩上升指日可待，收获学习上的成就感也就不再是什么难事了。

有家长问过我："平时怎么学都学不好，用了你说的思维导图为什么就能学好呢？原因在哪儿？"我想，各位正在阅读的这本书就是最好的答案。简单地说，就是：让杂乱的知识变得系统了，让无趣的学习变得生动了,让枯燥的笔记变得好玩了,让被动的学习变成主动创造的过程了!

不要轻易否定一个自卑的孩子。事实上,每个人都可能陷入这种低迷的状态中,德国天才哲学家尼采、央视著名主持人白岩松、天后级歌手王菲……这些今日如雷贯耳的名人尚且有过难熬的自卑期,你又怎能断定现在自卑的孩子以后就一定不好呢?等他在人群中找到"优势感"时,说不定你就要对他刮目相看了。

学习感悟

第三篇
思维导图学习法

思维导图问世半个多世纪以来，已经帮助数千万人解决了学习的难题。如今，哈佛、剑桥等世界名校的师生已将思维导图作为一种常用的教学与学习方法；新加坡、韩国等国家的中小学教材也吸纳了思维导图的内容。我国一些中小学也开始尝试在教学中使用思维导图，就我了解到的几所学校来看，效果都非常不错。我希望思维导图能够真正帮助到更多的孩子，让他们提高学习兴趣，减轻学习负担。

第六章 "得法"者,得高分

"天才就是99%的汗水加1%的灵感。"很多人都将爱迪生的这句名言作为座右铭来激励自己,这一点很好。成功的道路上必然洒满了努力的汗水,但光努力是不够的,还要讲策略、方法,否则很容易"南辕北辙"。思维导图就是我建议大家使用的科学学习法,把时间和精力花费在对的地方,学习拿高分就要容易得多。

学习的真谛:不求法,不得法

如今,迅速发展的互联网渗透到了生活的各个领域,极大方便了人们的生活,对孩子们的学习也不例外。上网随便一查询,与孩子们各科学习相关的辅导网站五花八门,有补习基础的,有讲重难点的,有专门辅导课后作业的,甚至还有专门的老师在线答疑解惑。相对于过去学习资源的极度匮乏,如今孩子们的学习硬件条件有了极大改善,资源也更加丰富,但还是有很多孩子在学习上存在障碍。不少家长提起这类事情更是火冒三丈。好几位家长带着孩子来我这辅导时,都说过类似的话:"以前我们想学习没条件,现在给你创造了好条件,又是请老师,又是做辅导,钱没少花,可你偏偏就是不学。真是气死我了!"

给孩子创造了好的条件,孩子的学习成绩反而没有提高。真的是孩子不争气吗?其中的问题究竟出现在哪儿呢?

我想起来一件看似不相关的事情。有一次,我到一个朋友家做客,朋友执意要留我在他家吃饭。看着朋友特别热情，我也没有拒绝，便留下来了。坐了一会儿之后我突然意识到，他根本就不会做饭啊！就在这时，我听到厨房里传来了"乒乒乓乓"的声响；又过了一阵子，一股肉香就飘到了客厅。说实话，我当时确实感到出乎意料。

我一直坐在客厅里期待惊喜，只是等待这份惊喜的时间长了些，一荤一素两道菜折腾了40多分钟，不过好在色香味俱佳。

坐在饭桌上，我好奇地问朋友："你是什么时候学会做菜的？"

"没多久，最近一直在学。"

看着眼前色香味俱佳的美食，我进一步追问："味道挺好啊，手艺跟谁学的啊？"

朋友拿起手机，得意地跟我说："手机啊。我最近突然想自己学做菜，于是就上网去查。现在网上的资料很多，一搜就出来了，非常方便。"

"哦……"我意味深长地感叹了一句。

和朋友告别之后，我回到家中，一个人静静地琢磨：现在孩子们的学习，其实就跟我朋友做菜是一个道理。我们现在的物质生活水平比过去提高了，能够买到上等食材，可以买到进口调料，但如何将这些东西组合成菜肴，这个烹饪的过程，也就是做菜的方法，才是很多人下不了厨的原因；同理，现在的家长，能为孩子聘请讲课讲得很好的老师，能给孩子买到有益学习的书籍和辅导工具，但孩子自己怎么去抓取其中有价值的信息，如何在学习中分析思考，掌握学习方法，形成学习能力，这才是最关键的地方。

一个做菜习惯依赖菜谱和别人的人，菜谱在手、有人指导时，很容易做出美味佳肴；没有菜谱也没人点拨时，味道就会大打折扣，因为做菜的经验、方法并没有内化到他的心中，不管模仿多少遍，菜谱始终是别人的。学习也是如此，老师可以教得很好，书可以编写得很完美，但老师和书本都无法代替孩子学习。只要他们没有掌握正确的方法，没有在学习中形成自主思考的意识，学再多的知识也无法做到前后连贯，请再好的老师也无法一点就通，做再多的题目也达不到熟能生巧、举一反三的效果。知识来得太容易，往往就会让人忘记思考。书没有看到心里去，没有真正读懂，又怎么能发挥它们的作用呢？没有学到多少知识，又哪来的在学习中思考呢？所以才会有人感慨："读了10多年书，除了拿到一张文凭，感觉什么都没学到。"

这种影响在企业中也有所表现。很多企业的员工和老板之间都存在着一定的矛盾：员工觉得老板很难伺候，不管做得多么努力，老板始终不满意；老板觉得员工不思进取，不管自己制定多好的制度，员工始终无动于衷。一开讨论大会，说"咋的"的人非常多，能说出"咋整"的人非常少；五花八门提方向的人非常多，能结合实际给出方案的人很少。其中的原因很好理解——只有懂、会的人才知道怎么做。过去的师傅带徒弟，手把手教，从原理到方法一应俱全，虽然徒弟成长缓慢，但熬出头就是新的师傅；现在很多公司的员工培训讲究速成，只让一些业绩好的"精英"分享所谓的"秘诀""窍门"，而大部分员工又没有自主学习的意识，只懂得机械模仿，所以能把工作做好、做精的员工始终是少数。现在回过头来看，这是不是与孩子学习面临的困境极为相似？

学习是老师、家长、孩子三方共同参与的事情，三方的参与者虽然立场不同，却都在为同一个目标而努力——为了孩子学习好。然而，学习"不得法"，矛盾就会悄然而生。

孩子、老师心目中的好家长是"不指手画脚"的家长。这样一来，孩子就不会因家长的"啰唆"而烦躁，老师的教学就能够按照既定的规划顺利进行。但家长不"指手画脚"，就会担心老师讲课不到位、孩子学习不主动。

孩子、家长心目中的好老师是"布置作业少"的老师。孩子作业少，家长在家的负担就少，孩子就有更多的时间休息、减压。但作业真的布置少了，老师会担心学习巩固的效果打折扣，一些家长又会质疑老师的责任心，这让老师很为难。

老师、家长心目中的好孩子是"成绩好"的孩子，这似乎是一种共识，就目前而言，孩子们几乎没有什么话语权来发表"异议"。为了让自己的孩子成为"成绩好"的孩子，家长、老师往往操碎了心，也正是因为如此，一旦孩子成绩下降，家长和老师就会觉得自己在孩子身上付出了很多，但却没有得到回报，失望、愤怒之感随之而生。

"不得法"造成的问题非常多，因人而异，可只要"得法"，上面的问题就都不存在了。成绩好的孩子，家长不担心老师教不好，老师不担心家长百般催促，孩子只要管好自己的成绩就行。这样一来，孩子自在、家长轻松、老师喜欢，大家都相处得很融洽。

成就一个成绩好的孩子，其实要依靠老师、孩子、家长三方共同努力。现在的孩子基本都能到学校接受正规教育，孩子的学习方法也越来越受到重视，反倒是家庭自身的教育没有引起人们足够的关注。我专门为家长设置了一套名为"五福临门"的课程，主要就是为了帮助家长开启家庭教育的智慧。很多家长在听完课之后都豁然开朗。当然，在教学上，我也有两个"不教"：第一，不教只是说说而已的；第二，不教不主动申请的。正所谓"不求法，不得法"，轻易就能得到的东西，大家往往就不够珍惜。

这些年，我辅导了很多的孩子，有一部分孩子并不珍惜这种学习的机会，思维导图画着画着就不用了；有一部分家长热衷于交钱报名，但却不坚持听课，也不采纳我的建议监督孩子。所以我现在也在提醒我自己，不主动求学，不在学习上下功夫，不舍得为学习付出的家长、学生，我就不教他；而对求知若渴的那些家长、学生，我会尽自己所能让他学会。毕竟我的精力也很有限，只能把有限的机会留给那些心存希望、满怀理想的人。

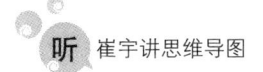

教学的困局：常识不足，技巧有余

现在的教材和教辅书籍编写得都很科学。教材的编排一般是先讲知识点，然后讲例题，最后附有少量练习题。教辅则大致可以分为两类，一类是纯粹的试题本、试卷集，最后附上答案解析；另一类是带有知识提纲的辅导书，或与教材同步，或是综合复习，并配有大量习题。

但是，我在辅导过程中发现，很多学生对教材和教辅书籍的使用存在一定问题——做题的多，看书的少。大部分的学生平时很少主动看教材与教辅书籍前面的知识点，只在临考前突击背诵，以应对填空、名词解释等形式的考题；很多学生也没有研究教材例题的习惯，最直接的原因是考试不考；我接触到的许多学生，课外的练习就是埋头做题，做完题只关心答案对不对，很少有人回归到书本中去寻找出错的原因……

其实，学习中的问题多种多样，我为什么要列举这些呢？因为大家习惯性地认为，常识性的东西很简单，不需要重视也能掌握。结果，缺乏常识成了绝大多数学生的通病，用更通俗的话来讲，就是基础知识非常不牢固。

要想学习成绩提高，就要认认真真地走好以下3步：打基础、做训练、总结提升。

1. 打基础

什么是基础？我认为，像语文、英语这类语言学科，基础就是词、句子和语法；像数学、物理、化学、生物这类理科，基础就是"3定"——定义、定理、定律；像历史、政治、地理这类文科，基础就是"5W1H"——时间、地点、人物、事情、原因、怎么样。

不背词、不懂语法，意味着语文、英语这两门学科的阅读理解容易失分，作文无处下笔。其中的道理，老师经常强调，我就不再多言。我想着重讲讲理科和文科的基础知识问题。

主动选择理科的孩子一般都很机灵，逻辑思维比较强。看一些成绩好的理科生做题其实很有乐趣：一支笔在指尖不停旋转，偶尔在草稿纸上画两笔，一道题就解完了，既准确又快速；一部分文科生做数学题就没这么干净利索了，有时候一道小题的演算可以写满一张草稿纸，最后得出的答案还往往不正确。许多理科生认为学好理科的关键在于思考，在于解题，所以他们很少回顾基础知识。很多同学看到优秀的理科生总在做题，因此便认为他们的优秀是靠题目磨炼出来的。我们暂不讨论这些观点的对错，先认真思考下面几个问题。

每个人的学习时间都是差不多的，他们为什么做题迅速？因为解题效率高。

为什么他们解题效率高呢？因为他们一看题就知道要用哪些公式定理。

为什么他们一看就知道呢？因为熟练。

为什么熟练呢？因为基础扎实。

基础不扎实，解题就找不到思路。一些家长看到孩子对着作业题发呆，心中不免火大——"你倒是写啊！磨磨蹭蹭地发呆干吗？"孩子心里其实也很委屈，因为基础知识不扎实，看不懂啊！除了对着题目干瞪眼，还能干吗呢？

因此，学习理科的同学千万不要觉得背"3定"是文科学生的学法，文理学科虽然有天壤之别，学习的方法各有特色，但在学习的道理上其实是"殊途同归"啊！

讲完了理科，我要着重来讲讲文科。很多家长和老师对文科的学生有着一定的偏见——理科学不好的才去学文科，这首先就在大的学习氛围上弱化了学生对文科的重视程度。另一方面，很多家长、同学对文科的学习有一种根深蒂固的思维，那就是"死记硬背"，这是许多文科生学不好文科的关键。

三四十个定理定律就可以撑起一学期的理科教材，但三四百个知识点或许只是文科教材一个单元的知识量。相对于理科来说，文科的细小知识点确实更多，为了记住这些知识点，文科学生的确需要大量看书。我经常发现文科学生看着看着书就睡着了，但理科学生解题写着写着就睡着的情况却要少很多。为什么呢？因为解题的时候，大脑需要不停思考；而如果只是翻阅到处都是知识点的文科教材，由于不知道众多知识点之间的联系，导致看书的效率非常低，因此看着看着，大脑就拒绝思考了。

我为什么建议用"5W1H"的思路来学习文科知识呢？因为这样可以把学习状态由"被动接受"转变成"主动思考"。我们就以历史课中的"鸦片战争"为例，看看"5W1H"是如何把相关的知识点串联起来的。

When（时间）：鸦片战争是什么时候发生的？

Where（地点）：鸦片战争在哪里发生的？

Who（人物）：鸦片战争牵涉的主要人物有哪些？

What（事情）：鸦片战争的经过是怎样的？

Why（原因）：鸦片战争为什么会发生？

How（怎么样）：鸦片战争结局如何？有着怎样的影响？

带着问题去看书，阅读就变成了主动搜索信息的过程。如果这些疑问没有得到解答，内心就会形成强烈的求知欲；而当这些疑问最终得到解答的时候，我们的内心就会获得成就感。这一原理其实在电视连续剧中经常被用到，例如，一集电视剧播完的时候，为什么要放下集预告呢？因为其中就潜藏着问题：明明这一集还在吵架，下一集怎么就秀恩爱了呢？那个前几集从来没露过脸的女人是谁？为什么这一集还在过穷困潦倒的生活，下一集就衣食无忧了？期间到底发生了什么……正是因为这些问题没有得到解答，所以大家会有强烈的兴趣收看下一集。

问题是有力量的，它能勾起内心的"求知欲"。这个道理其实很好懂。什么时候吃东西香呢？饿了的时候；什么时候学东西会感到快乐呢？想知道答案的时候。所以，忘掉"死记硬背"，尝试用"5W1H"法来学习文科吧，我相信文科的孩子一定会收获不一样的体验。

2. 做训练

打好基础之后就要开始做题，这是提高成绩的第二个阶段。很多同学直接跨入了这一环节，于是最后陷入了茫茫的题海之中，失去了方向。

做题也要讲方法，不要埋着头做题，只顾数量不顾质量。和打基础一样，做题也需要归纳，要学会弄清题型的特点，理清解题思路。如果做题总是不顺畅，就说明基础知识掌握得并不扎实，需要"回炉重造"。

3. 总结提升

总结提升是训练做到一定量之后的步骤，比如建立错题本，总结解题经验，自拟问题对知识点重新进行梳理等。从哲学角度来讲，这是由最初的一般规律落实到具体题目，再由具体题目回到一般经验的步骤。有能力的同学还可以适当尝试一下"超纲题"，拓宽学习的思维。但更重要的任务还是回归书本，对知识结构中的重难点内容进行巩固再突破。一步一个脚印走到这一环节的孩子，我相信一定受益匪浅。

这三个阶段的学习，我都建议使用思维导图来完成。通过思维导图，前后的知识内容都能得到有机串联，使内在的联系一目了然。画图熟练的同学一定能感同身受，没有亲自画过几十张导图的同学永远也无法理解其中的精妙之处。我希望每一位家长都能督促自己的孩子去落实，当他们获得这种体验时，会将这份喜悦传达给你们的。

在这一小节最后，我想简要谈一谈考试的问题。考试是怎么一回事呢？这么说吧，它就像是一个人在藏东西，藏好了之后让大家来找，找得快、找得多的人，分数就高。为什么我建议在学习中使用思维导图呢？因为课本上的零碎知识都因此而体系化了，从整体到部分之间的联系一目了然，所以考试时一看到某个考点，就能知道要用哪一块的知识来解决问题。目标明确，思路打开，考试的难度就下降了，考试的成绩自然而然就提高了。

突破学习的"5道坎"

我和每位家长一样，都在热切关注着孩子的学习问题。通过20多年的教育探索，加上自己陪伴孩子学习成长中得出来的经验，我总结出了孩子学习中存在的5大障碍：不主动、没有活力、不认真、不会归纳总结、没有好习惯。突破这"5道坎"，孩子的学习状况就会有本质改变。

1. 不主动

学习本身就不是一件很有趣的事情，孩子会在学习上"不主动"，我一点儿也不感到意外，各位家长也可以反思一下自己的学生时代是如何度过的。一些家长也曾对我感慨过：当年要是再多读点儿书就好了，这样就能在学习上多帮帮孩子。但即便是这些已经意识到读书很重要的家长，又有多少人能真真正正捧起书本给自己充电呢？价值观相对成熟的家长尚且难以做到，又何况是心智还在成长发育的孩子？所以，哪怕你的孩子学习真的非常不主动，我也希望各位家长不要以旁观者的身份"教唆"孩子努力学习，而是和孩子走得近一些，"参与"他们的学习生活。

在20多年的教育工作中我发现，真正热爱学习，骨子里有一股钻研劲儿的孩子为数不多，很多"喜欢"学习的孩子，其实是因为在学习中有了"收获感"。打个比方，学习就像工作，"成绩好"类似于"工资高"。很多成绩好的孩子"爱学习"，是因为通过努力，他们能在考试中赚到更多的"分",这是一种能力的体现;同样,很多工资高的人都表现得"爱工作",那是因为通过努力能赚到更多的钱。如果这份工作突然不赚钱了,你还会爱它吗?给钱少也能爱岗敬业坚持工作的,那叫"劳模";不用考试还努力学习的,那就是真心真意"爱学习"。我们无须要求自己的孩子成为这些少数,让他们在学习中有"获得感"即可,如此他们也能达到"学知识、长本领"的效果;而且从现实的角度来看,做到这一步显然要容易得多。

2. 没有活力

没有学习的动力,没有感受到学习中的"成就感",自然就会"没活力"。我在给孩子辅导功课时,发现有一部分家长想当然地将孩子的"没活力"归结为"精神不振作",给孩子贴上了"没精神"的标签,这是极其错误的行为。每位家长关心子女都有自己的一套"标准",且不论科学性与正确性如何,其中流露出来的关爱之情确实无可厚非。可是,我们在关爱孩子时,也应当站在孩子的角度考虑一下,问题到底出在哪里,而不是端出一份热腾腾、暖融融的爱逼着孩子接受,不接受便责怪孩子辜负了自己的良苦用心。

让孩子在枯燥的学习中笑出声来,自主、快乐地学习,这是很多家长、老师希望的,也是许多教育专家致力研究的方向。人为什么会感到快乐?因为内心的需求得到了满足。学生的需求是什么?是希望在课堂上答对问题能得到老师的表扬、同学们的掌声;是希望作业写得好时,老师能给出优评、家长能给予肯定;是希望辛辛苦苦学习了一年,期末考试能有一个不错的成绩——简而言之,就是在学习上有"成就感"。

3. 不认真

很多家长向我反映,自己的孩子学习太不认真了:平时上课开小差,写作业应付了事,上复习课云里雾里,考试成绩惨不忍睹。为了督促孩子学习,有的家长牺牲自己的休息时间守着孩子写作业,有的家长请家教来辅导孩子学习，有的家长干脆直接把孩子送到老师家里辅导……当然，这些借助外力的方法都有一定的效果，但要想治本，还是要回到问题的本源。

我认为，孩子学习不认真，与前面提到的"不主动""没有活力"有相同的原因——没兴趣；另一方面在于，孩子学不会、听不懂。"没兴趣"与"学不会、听不懂"之间是会相互循环影响的。这很好理解，例如，开会听报告时为什么场下的听众看手机聊天的多，听台上讲话的少？那是因为大家都对该报告缺乏兴趣，心不在焉地听，自然不懂、不会。孩子学习不认真也是这么一回事，孩子觉得上课没劲，所以会开小差，做他们感兴趣的事情，如跟同桌讲悄悄话，给后排女孩传纸条，在自己的教科书上进行"美术创作"……上课没弄明白，下课完成作业就很困难，但老师又要检查，于是只能拿同学的作业抄；基础知识没消化，复习课上老师快节奏地进行知识串讲，自然听得"云里雾里"；到了考试时，困难题无处下笔，简单题因为基础知识不牢固只能模棱两可地猜……相当一部分孩子为什么学不好？就因为这种状态在他们身上年复一年地循环上演。大家都说"谁的青春不迷茫"这句话很对，那是因为有太多正值青春的孩子们空有激情，却没有找到方向。

另外，我还想补充一点。我经常提醒用微信跟我交流的学生、家长，认真是一种能力、习惯。把标点符号写正确，也是生活习惯的一部分。不要看不起这类小事，认真的好习惯就是从这种不起眼的小事上，一点一滴养成起来的。

4. 不会归纳总结

老师一讲就会，讲过就忘；同类的题目做过多次，可换一个说法就陌生了；书没有少看，但考试时就是没印象……解决这些问题，就需要用到归纳总结的能力。读书的归纳总结，其实跟我们生活中的归纳整理一样，书本、衣服、零食、生活用品等各归各位，到用的时候就知道去哪里找，否则哪怕把家里翻个底朝天，你也找不到想要的东西。这时候你或许会安慰自己，要找的东西现在找不到，等过一阵子就能想起它在哪儿了。但这种自我安慰对学习考试可没用，我跟一些同学聊天时，他们就经常跟我抱怨，考试的时候怎么也想不起来，等考完交卷了，突然就想起题目怎么做了，但也没有用了。这就是学习时将知识"乱放"的结果。

老师很费解，有些学生上课时听讲很认真，一看就是"好学生"，但考试成绩往往让人大跌眼镜；家长很无奈，孩子补习班没有少上，甚至连假期都搭上了，但感觉跟没上课一样；孩子也想不通，自己一门心思扑在学习上，但每到大考就觉得命运又跟自己开了一个玩笑……认真学习却没有效果，这又是为什么呢？其实，任何一门学科都有自己的知识体系，所有知识点前后都是相关联的，如果我们能将这些知识点分门别类，并且将它们轻松地串联起来，提高学习成绩就是水到渠成的事情了。这便是归纳总结的必要性。

不会归纳总结属于方法层面的问题，只要孩子决心去做，家长、老师适当监督，相信每个孩子都能做好这一点。如果一时间找不到提高成绩的突破口，不妨鼓励孩子从这里着手尝试。

5. 没有好习惯

在一个"习惯养成"类书籍、资料泛滥的时代，无须我再强调培养好习惯的意义。不管是什么级别的老师来做学习辅导，不管是多么优秀的状元来进行经验分享，不管我将思维导图讲得多么浅显……努力的道路上没有洒下足够的汗水，没有在习惯养成时浇灌大量的光阴，这些方法始终都是别人的，只有糟糕的学习状态是自己的。

前面我也提到过，思维导图在很多人的手里并没有发挥出应有的作用，是因为很多人都没有坚持使用；优秀的人始终是少数，是因为绝大多数人都没有形成好的习惯。我推崇使用思维导图来辅导学习,就是因为思维导图刚好能针对上述的五大弱点进行发力,只要经过系统训练,改变孩子的学习状态一定没有问题。

能看到这本书的老师、家长,一定希望能为自己的学生、孩子走出困境出一份力;能看到这本书的同学,一定希望自己的学习成绩能更上一层楼。而我在这里只提一点——希望使用思维导图能成为大家的习惯之一。

氛围比方法更重要

掌握一种好的学习方法,是有效提升学习成绩的必要条件之一。如果能置身于一种良好的学习氛围中,成绩提升的效果就会更加显著。

图3-1　我在长岭县妇联进行家庭教育讲座,希望每个家庭都能为孩子打造良好的教育氛围

一位朋友在高中当班主任，她告诉我，一个班级如果很安静，班上的学生就比较容易主动写作业、看书、思考问题；如果很吵闹，原本在学习的孩子也会不由自主地开小差、讲话、传纸条。这就是"氛围"产生的神奇影响。我们都知道，锻炼身体时，最好找几个能坚持的伙伴一块儿，这样有助于形成一种好的氛围，从而淡化锻炼过程中的枯燥感，互相鼓励，促进效果。学习也是如此，为什么很多人都认为在家学习的效果不如在学校、自习室、图书馆好，就是因为家里没有学习的"氛围"。

　　我主张使用思维导图进行学习，更主张在家、在校、在企业营造使用思维导图的"氛围"。这一点，我其实深受苏联教育家马卡连柯的影响。

　　马卡连柯提出了"平行教育理念"，认为教育者对集体，以及集体中每个成员的教育和影响应当是同时的、平行的，要达到这一目的，集体必须成为教育工作的首要对象；而要想形成一个良好的集体，集体中的所有成员就必须目标一致、行动一致，形成一种正确的集体舆论导向。如此一来，便能够通过集体中成员们的相互作用、共同生活与共同工作，对个体的个性进行重塑。马卡连柯认为，通过组织健全、方法得当的教育集体来教育学生，是培养社会主义新人的主要方法。

　　马卡连柯的教育理念在当时的苏联产生了积极影响。1928年至1935年间，马卡连柯组织并领导建立了"捷尔任斯基儿童劳动公社"，提出了在集体中进行儿童教育的原则和方法。在此期间，马卡连柯积极探索、大胆尝试，尽管条件艰苦，但还是成功地把数千名少年违法者改造教育成了社会主义建设人才。1939年，马卡连柯因为功劳显著，还荣获了苏联授予的"国家劳动红旗勋章"。

　　马卡连柯的"平行教育理念"其实就是在肯定"氛围"对学习产生的积极影响，因此我主张使用思维导图进行学习、工作，并且最好能形成一种良好的氛围，让学习、工作的过程带有一种类似于"比赛"的乐趣。

但是，就我了解到的现状而言，社会上使用思维导图的氛围并不浓厚。虽然有了几十年的发展历程，但使用思维导图的个体多、群体少；了解、知道的人多，将其与具体的学习、工作、生活联系起来的人少。由于使用思维导图不成规模，没有形成集体效应，使用思维导图的效果就大打折扣了，甚至还形成了一些看不见的制约力，最典型的莫过于老师、领导、家长认为这是一件"浪费时间"的事情，继而让学生、员工、孩子将精力放在其他的"正事"上。

在这里，我要特别介绍一下吉林省永吉县第十中学，它就是一个培养思维导图学习氛围的典范。2016年11月29日，当我再次来到了永吉县第十中学时，这所中学经过多年的沉浸式培养，已经形成了从骨干教师、内部教师到全校师生全都使用思维导图的氛围——校长用思维导图管理学校，老师用思维导图备课，学生用思维导图学习。年级主任栾鸽老师告诉我，思维导图给他们的教学工作带来了极大启发，同时也获益颇丰：永吉县第十中学的中考成绩已经连续10多年蝉联全县第一，而且遥遥领先，还被评为了"吉林省名校"，其实力能与省内大中城市的同类名校相抗衡；一些学习优秀的孩子，他们的作业量也有所下调，富余出来的时间主要进行素质拓展，使他们能够朝着更优秀、更全面的方向去完善自身。

像永吉县第十中学这样的学校，我希望越多越好。我现在正在积极探索、大胆尝试，希望能让更多家庭、企业、学校形成使用思维导图的氛围。也正如我在绪篇中所讲的那样，我相信思维导图这种优秀的工具，一定能凭借它独到的魅力吸引众人的目光，并最终走进千家万户。

传递5种给予，改变孩子命运

很多家长内心都有这样的困惑，有时候自己从书上、微信上看到了一些好的学习方法想分享给孩子，但不管如何苦口婆心地说，孩子就是不听；有时候与家庭教育做得好的朋友聊完天之后，想让自己的孩子也来学习别人的优秀经验，但孩子充满了抵触情绪。有的家长还跟我反映，听了我的课，回家照着我说的内容跟孩子提要求，结果孩子的脸上写满了不愿意……家长很困惑："为什么孩子总是不学好？我跟他好好讲，他为什么总是不听呢？"

确实，再优秀的理念，也架不住内心的拒绝。有的家长很好奇，他苦口婆心地将我的理念转告给孩子，孩子就是不听；但把孩子送到我这里来，让我"教育一番"之后，孩子又听了。难道真的应了那句俗话——老师的话就是要香一些吗？

其实，我跟孩子讲的内容，和跟家长讲的内容差不多，唯一的区别可能就在跟孩子讲话的方法上。星云大师《包容的智慧》一书中提到了"5种给予"给我的启发非常大，在教学当中我也有诸多应用。我在给孩子们讲课时，就特别注重给他们传递星云大师讲的这"5种给予"——给予希望、关怀、快乐、信心、自由。

1. 给予希望

任何一个孩子到我这里来辅导，除了基本的问候，我跟他说的第一句话一定是揭示他身上的"3个优点"。不管是男人还是女人，不管年纪大的还是年纪小的，不管干什么工作、拥有怎样的性格，每个人都喜欢被人表扬，因为表扬能让人的内心感到愉悦。孩子在假期到我这里"接受教育"，内心或多或少会有些抵触，而且肯定是学习有问题才会被家长带来跟我"聊天"。同时,"戒骄戒躁"的传统教育理念让许多家长都"非常严格",哪怕孩子在100分的考试中得了92分,他们也会要求自己的孩子"好好看看自己那8分丢在哪儿了",由此不难想象处于及格边缘的孩子在家会受到怎样的待遇——他们都渴望被表扬,但却经常得不到满足。

在任何一个孩子的身上发现"3个优点"真的非常容易,比如,你非常有礼貌,我们第一次见面你表现得非常热情;你的字迹非常工整,老师看得赏心悦目;你的精神面貌非常好,老师觉得你是一个充满活力的孩子;你的书本非常干净,东西摆放得非常整齐,说明你是一个做事非常谨慎的孩子……实在发现不了,头发黑、牙齿白这些也算是优点。

首先肯定3个优点,为的是打开孩子的心门,只有心门打开了,孩子才愿意交流,那些理念、方法才可能奏效。就像我们给病人喂药一样,纵使你拿来的是绝世良药,也得让他先愿意张口才行。

2. 给予关怀

绝大多数家长都能给孩子提供无微不至的关照,比如,临考前的一个学年调整工作,给孩子陪读;大小家务统统包办,保障孩子学习;夜里12点见到孩子还在挑灯夜读,给孩子端上一杯热腾腾的牛奶;为了获取一手资料,让孩子少走弯路,各种托关系、找熟人……可以说,每一位家长对自己孩子的爱都是无可挑剔的,也是旁人轻易无法给予的。但是,孩子们的表现却往往无法让家长满意:学了一个学期,70分始终没有变成80分;一道题讲了3遍,考试遇到同类题的时候还是做不出来;好转了两个星期,上课又开始讲悄悄话;上课不仅不用功,还居然跟班上的女同学传纸条,并且在上面写"我喜欢你"这一类的话……孩子的这些"小状况",让家长非常生气,特别是老师当面将这些问题反映给家长时,家长往往觉得面子上"挂不住",不理解自己的孩子为什么这么"不懂事"。

其实，孩子有这些表现并不奇怪，这都是这一年龄段的特性。我和许多家长年纪相仿，我们读书的时候，这些状况在班里不也同样存在吗？每个班都有成绩不好的、经常挨批评的、怎么考都不及格的……关于谈恋爱的问题，虽说不像现在这么高调，但偷偷进行的也还是存在的。既然如此，为什么我们不能跟孩子坦诚地说："这些错误，爸爸妈妈读书时也犯过，但爸爸妈妈改正过来了，所以现在就没有问题了，你是不是也应该向爸爸妈妈学习一下呢？"

我们给孩子的说教早已足够，多给他们一些关怀，表示出我们的理解，拉近与孩子之间的距离。在这样的前提下教育，效果一定会好很多。

3. 给予快乐

我也会和孩子聊自己上学时候的囧事。

一天夜里，晚自习刚下课，我无精打采地走出教室准备回宿舍。考试就要临近了，但感觉还有很多书没看，光是想想就觉得头大。这时，我心中的"女神"同学正站在围墙边，似乎在等什么人。我原地愣了几秒，双眼不停地在她身上扫视，内心浮想联翩。就在这时，"女神"同学发现我正在看她，便示意我走过去。

我的内心当时无比激动，因备考而滋生的那些不悦也瞬间抛到了脑后。我快速朝她跑了过去，然后稳稳地站定在她的面前。"女神"将食指竖起来，轻轻地放到嘴边，朝我做了一个"嘘"的动作，然后悄悄地对我说了一句："能借你肩膀用一下吗？"

我心花怒放地说："好呀，你用多久都可以。"

"女神"有些腼腆地说："那你先转过身去，肩膀低一点。"

我照做了，然后轻轻地闭上了双眼，期待着一个美好时刻的降临。就在这时，我突然感到肩膀上猛地一受力，心想："女神"居然这么沉吗？她是整个人都踩在了我的肩上吗？

"谢谢你！"说完这句话，"女神"就不见了。原来，趁我没反应过来时，"女神"踩着我的肩膀，翻到围墙外面去买好吃的去了！

我经常跟孩子讲自己的一些囧事，或是其他好玩的事情。这样一来可以进一步拉近距离，让孩子觉得我并不是高高在上的一个人，并且跟他们有那么多共通之处；二来，这些事情或许连帮他们将考试成绩提高哪怕0.5分的作用都没有，但却可以缓解他们内心的压力，让他们在轻松的氛围中接受教育。

4. 给予信心

我跟孩子讲得最多的，依旧是让他们通过思维导图来学习。不过，对很多孩子而言，思维导图完全是一种"新事物"，弯弯曲曲的线条，简约而多样的图形，甚至没有一个完整表达的句子……在这些平日极少得到肯定与赞许的孩子看来，他们很难确信自己能否学会这种学习方法。

这时我会鼓励他们，给他们信心。他们需要什么，我就夸什么；目标是什么，我就给他们贴上什么样的标签。我没有刻意编造怎样的案例，也没有美化过往学生的成绩，20多年的教学实践成果验证了这一点，使用过的学生都真心说好。几十年来，托尼·巴赞先生的方法也早已在世界各个角落开花结果，真的人人都能学会、100%都能画好，哪怕是小学生，哪怕是班级倒数的一二名，哪怕是像前面提到的芭芭拉那样的孩子。罗杰·罗尔斯为什么能成为美国纽约州的前州长？就是因为他小时候的校长皮尔·保罗对他说了一句话："我看你修长的小拇指就知道，将来你会是纽约州的州长。"罗杰·罗尔斯相信了这句话，并且为此而努力，所以他最后在51岁那年如愿地成了纽约州的州长。这就是信心给予的力量。

5. 给予自由

对于在学习方面还没有完全建立起自信心的孩子来说，对他们最大的关爱就是"不要催促"。记得有一次，一位家长带着孩子来我这儿辅导。我刚跟孩子聊完，家长就迫不及待地对孩子说："你看看崔老师说得多好啊！赶紧拿纸出来画这个思维导图，就画昨天你学习的内容，画完了给老师看看对不对、好不好，趁你现在还记得！"

我连忙阻止了这位家长，说："这个思维导图真的很容易学习，让孩子回去好好琢磨琢磨，相信他会主动拿起笔的。一百次催促，抵不过他发自内心的一次主动。"

我非常理解许多家长"一……就……"的这种心理。一学到好的东西，就希望孩子能全部掌握；一开始行动，就希望孩子能马上转变。每位家长的心中都有望子成龙、望女成凤的愿望，我也一样。不过孩子一些不良习惯的养成、学习落后的状态都不是一两天形成的，冰冻三尺非一日之寒，"一……就……"的心理可以理解，但在做法上不可取。孩子的改变不差这一时半刻、一天两天，试着给他们多一些自由。我给孩子的要求很简单："图得亲自画一画，时间自己挑，画好记得给我看就行。"

离开了家长的催促，能拿起笔去画思维导图，能主动打开书本学习，孩子就从我这里真正学到了东西，孩子的进步也就指日可待。

学 习 感 悟

第七章　因"科"制宜，各个击破

有很多家长到我这儿咨询孩子的学习问题，问的都是为什么书没少看，课没少补，题没少做，但最终的学习成绩却不理想。面对心急如焚的家长，我都会安慰道"孩子至少还在努力，比起那些'不看书，不上课，不做题'的孩子来说，已经很好了。没有效果可能是方法不对。"

思维导图结构清晰，内容少，大多都是用一些只言片语的关键词，或者是一些一看就能懂的图形来记录。一些老师建议学生照着目录复习课本，思维导图其实也遵循着这一思路。不过，思维导图的灵活性更大，每个学生都可以根据自己的思路，拟定一个属于自己的"复习目录"。如此一来，再庞大的知识体量，也能在脑海中有规律、成系统地储存。思维导图的树状结构也能辅助联想，让无形的信息在头脑中有"印记"可循，犹如对号入座一般。日后再找有用的信息也会相对容易得多。不过，中学阶段各门功课各有特点，使用思维导图学习也要讲"章法"，不可机械地"一画了之"。

生活是最好的语文课堂

吕叔湘先生曾说过："不妨回想一下，咱们小时候学习语文以及一般知识，有几分之几是从课堂里学来的，有几分之几是从课外学来的。每个人都有大致相同的经验，课外学到的东西比课内多些！……语文课跟别的课不同，学生随时随地都有学习语文的机会。逛马路，马路旁的广告牌；买东西，附带的使用说明书。到处都可以学习语文。"

吕叔湘先生的话对语文教育工作者颇有指导性，对所有的学生、家长其实也是一种有益的启发。生活范围有多大，语文学习的课堂就有多大。哪里有生活，哪里就有语文；哪里有生活，哪里就可以学习语文。

从呱呱坠地开始，我们的语文学习就已经拉开了序幕。发音、认字、组词、造句、写文章，这差不多是我们每个人学习语文的基本流程。不管学习文科还是理科，不管今后从事怎样的工作，语文都是最基本的能力。写标书、商务谈判、说服客户购买产品……这些所谓的"业务技能"，其本质还是"语文技能"。

然而，这门重要的学科，在考试尺子的衡量下，实际的地位却有些尴尬。学生们特别喜欢考试之前"敲黑板""画重点"的老师，而语文考试的知识点非常分散、形式灵活多样，因此语文考试基本没有所谓的"重点"可抓。学好语文需要积累，背了唐诗300首，读过《论语》《史记》，看过鲁迅、王小波作品的学生，语文基础一定要优于其他学生，然而要打下这样的基础，至少需要2～3年的时间。学好语文的时间成本比较高，因此，在希望迅速见到效果的学生与家长眼里，学好语文就不是第一选择。

另一个方面，和数学等理科不同，语文试题以表达题居多，它的评分空间弹性比较大，特别是作文。只要不跑题，语句基本通顺，满分60分的作文，拿40分左右并不太难。对大多数学生而言，高考150分的语文，考100分并不太难。可是，这门看似简单的科目，要拿120～130分却很不容易。花大量的时间和精力却看不到什么效果，因此作为主科的语文经常受到冷落。

我认为，家长与学生都应该端正语文学习的态度。语文学习是见效慢，而不是不见效，我们对语文成绩的期待应该看得更长远，不要想着在期末考试前努力，到了期末考试就有质的飞跃。将多看、多读、多背、多写拆分到每天的学习中，只要学习充分，我相信1～2年里，语文平均考试成绩提高10～20分并不困难。

语文学习的4个环节中，多读、多背是培养语言感觉的基础性环节。很多学生觉得课文难背，背过容易忘，因此总在考前机械式地"强记"，结果考试时勉强能记住，考完立马就忘，下次考试又要重新记忆，很浪费时间。其实，背诵课文、古诗词应当遵循作者的思路。有时课文背到一半，想不起下一句话是什么，但只要经人提醒一个字或一个词，很快就能接上下一句，这就是关键词的力量。反复朗读、背诵能让人记住句子的结构，却很容易让人忽视上下文的联系。如果在背诵时，能结合思维导图，理清主题、各段中心、各句关键词，不仅能提升背诵效率，同时还能加深长期记忆的效果。

多看指的是扩大阅读范围。语文课本中的内容很重要，文学常识、古文常用字词、病句分析等基本性的内容要掌握；课外的阅读也不容忽视，多看看文学名著、文言经典，适当读一读外国优秀文学，看一看好的杂志、小说、电影也是可以的，但关键在于如何将这些海量的信息"存储"下来。前面我分享了"把一本书变成一张纸"的经验，我也建议各位家长、老师，鼓励孩子先把课本变成一张纸，再将一些优秀的文章、书籍变成纸，这对孩子快速把握主旨、理清文章思路很有帮助，做阅读理解时或许会有意想不到的效果。

多读、多看、多背都是积累的过程。积累词语是学好语文的重要手段，而且能让人受益终生。结合我自身的学习经验，以及优秀学生的经验反馈来看，积累词语要从四个方面来落实：课文、课外读物、工具书、日常生活。我建议大家养成收集词语的好习惯，每隔一段时间就把所学的词语收集起来整理一下，最好能分门别类地建立词卡，以便于随时取用、更新。这种方法虽然传统，却非常管用，而且适用于任何一种语言的学习。

积累的最终目的是为了写作，写作是对语文知识的综合运用。一篇

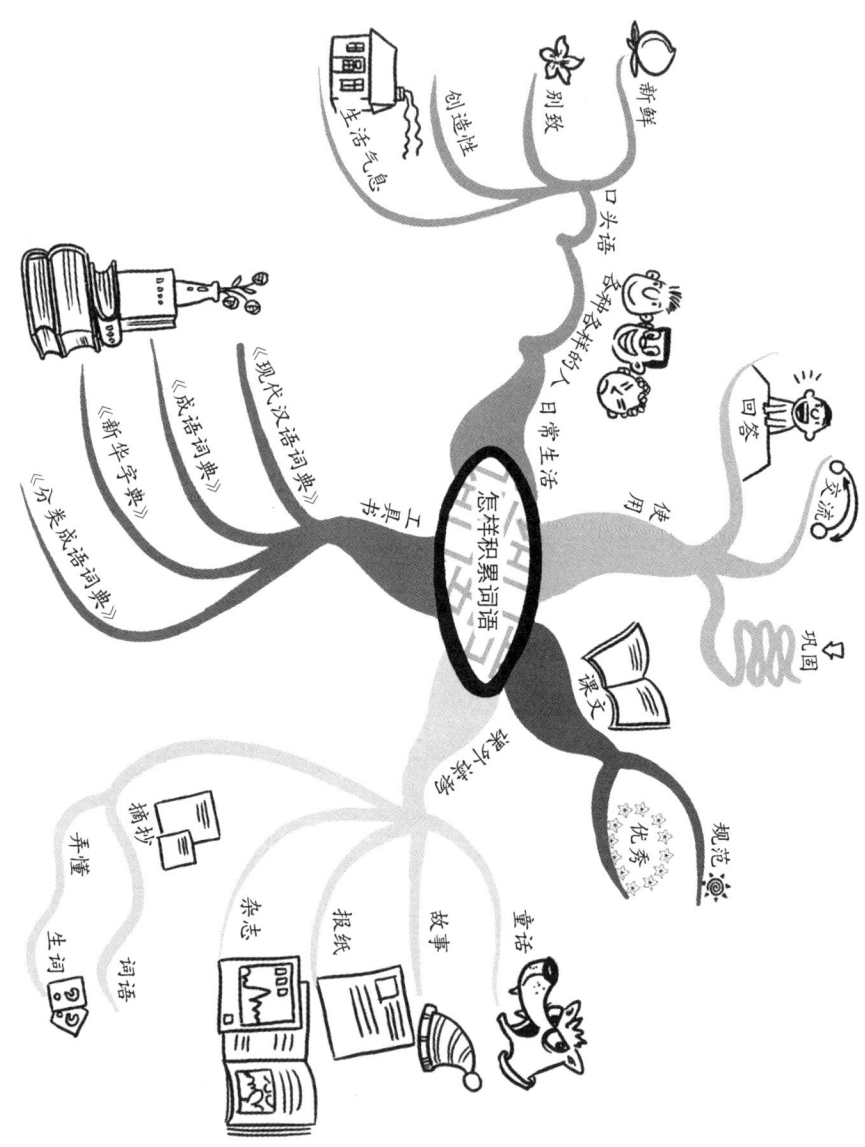

图3-2 怎样积累词语

好的文章需要具备四个层面的要求：思路清晰、语句通顺、观点鲜明、表达精彩。思维导图强大的脉络架构可以辅助构思，有效解决行文中"写到哪算哪"的糊涂状态，至于语句通顺、表达精彩，这是平日勤加练习与积累的结果。作文的稳定发挥一定是靠勤加练习而成的，熟能生巧者才能将所学的知识融会贯通，如此才能在遇到难写的题目时波澜不惊。本书后面的章节也会提到思维导图在写作中的应用，大家可以比较着参看。

我希望每一个孩子都能在语文这门基础科目的考试中取得好成绩，也希望在语文学习的过程中，大家能从优秀的作品中有所获益，形成健康的"三观"，这能让人受益终生。

学好英语需要"模仿"

从本质上说，学好语文和英语的方法是相通的，都要注重阅读、写作与基本语法知识的掌握。学习语言的最终目的是用来交流，因此英语的学习中往往还有听力与口语的训练。然而，光靠每天几十分钟的英语课，就想让孩子从ABC等基础知识，到阅读、写作、口头表达样样精通，这确实有难度。加上先天语言环境的缺乏与后天学习的畏难情绪，英语这门学科最终成了不少孩子的"拦路虎"。不少家长也感慨，自己读书时没有学过英语，现在看着孩子在英语学习上犯难也只能干着急。

其实，英语学习真的没有想象中那么难，我对学习英语的建议与前文提到的语文学习大致相似，同样包括"多读、多背、多看、多写"。大部分的孩子学习英语缺乏环境条件，所以在语文学习的方法上还要再加上"多听、多说"，不断练习，不断模仿。

学好英语，早上的时间很重要。我建议早上多读英语，朗读的声音一定要响亮,要给自己"开口说"的信心,这是学好英语最基础的一步。

学好英语的关键在于背诵。我们之所以能熟练地运用汉语交流,就是因为我们在生活中不知不觉地积累了不少词语,"悄悄地"记住了丰富多样的句子。英语课堂上的45分钟,老师只能梳理英语学习中的重点和难点,而孩子想要张口就能表达心中的观点,必须依靠大量的词汇和句型来支撑,这就需要孩子在课外下功夫。比如,我们平时经常会说"坐电梯去地下一层""去服务台开发票"这样的句子,用汉语说都没什么问题,要在大脑中"汉译英"时,麻烦就来了,像"地下一层""开发票"这些常用语言用英语该怎么表达,很多孩子都不知道。巧妇尚且难为无米之炊,英语学习又何尝不是如此呢?

英语背诵的难点,一在词汇,二在文章。每本英语教材后都附有词汇表,这是学好这本书最基本的"任务清单",但很多孩子对这一最基本的要求还要讨价还价。我也是从学生时代走过来的,知道背诵英语单词有多么难,因此我建议背诵单词时,不妨先花点时间,用思维导图对单词做一下分类,最直观的就是按照"食物""家居""运动""自然科学""情绪"等主题分类;也可以根据词根、词缀、词尾等词的构成特点来分类。有一部分英语单词用汉语表达出来根本看不出差别,这种词就适合用思维导图"图形化",使得单词学习"一目了然"。例如,pot、kettle、bottle、flask,这四个词都可以翻译成"壶",但其中的区别又是什么呢?老师可以给孩子留个小作业,查出这些词汇的区别,然后用思维导图画出来。在日后的英语学习中,孩子再碰到这种中文同义词,也可以用类似的方式整理。

我不太推荐按字母表的顺序"强记单词"。虽然有一部分学生、老师凭着过人的毅力完成了这种挑战,但我觉得对更多的孩子而言,轻松的记忆方式能让枯燥的学习变得稍稍有趣一些,更容易激起他们的学习兴趣。文章的背诵方式可以参照语文背课文的思路,即先明确主题、各段中心、各句的关键词。因此，背诵词汇是基础，多背一些单词总归是"有益无害"的。如果词汇的背诵还有问题，那么势必会给课文的背诵造成阻碍。

  中学阶段的英语学习，既要多看不同体裁的文章，如广告、通知、简报、短文等；也要多看不同主题的文章，如体育、科学、文化、金融等。这样既能丰富英语学习的素材，又能给英语阅读带来潜移默化的帮助。我建议用思维导图对不同体裁的文章进行比较，找出不同类型文章的特点，这对进一步熟悉文章架构，提升阅读、写作能力是有益处的。

  中学阶段的英语写作主要还是"仿写"，即熟记各类句型的标准表达范例，然后灵活运用、变通，这样即可在英语写作中拿到最基本的分数；如果能记下一些复杂句型和高级词汇，英语写作拿高分也就不再是什么难事了。我建议用思维导图总结归纳常用的句式，比如开头、段中、结尾分别适合用哪些句子，然后用不同的颜色区分基本句和高分句，达到有针对性地运用。只要能熟练掌握20～30个句型，英语考试的写作就会变得非常简单。

  "听、说"是英语学习中更高阶段的要求。听得懂并且能记下、复述这些内容，都需要建立在"熟练"的基础上。现在的英语学习比我读书时，更强调能力的运用，对英语听力的要求也比过去要高，不少地方的英语考题都是从听力开始的。可以说，英语听力的好坏不仅影响整个英语考试的成绩，而且对考试的信心、情绪都能产生很大影响。在写这本书时，我特地咨询了一个教英语的好朋友，他和我分享了一下提升英语听力的几个方法。

  第一，随时随地。无论是上学放学的路上、茶余饭后，还是睡前醒后都可以戴上耳机，随时随地听。

  第二，集中分段。在某一段时间内集中精力听一个内容，如果没有听懂、听熟，就先不听别的内容。其次是把一天的时间分成若干段，每一段听不同的内容。

第三，先中后外。先听中国老师的语音资料，然后才过渡到外教老师的语音资料，因为中国老师的声音我们听起来会更容易接受，这也是听力初阶与过渡阶段的很好选择。

第四，先慢后快。刚开始练习听力的时候，可以先听语速慢的听力资料，然后再过渡到语速快的听力资料。

第五，精听词汇。很多孩子课文听得多，词汇听得少，这是不对的。在初学阶段，听词汇比听课文更重要。单词听得多了，在脑子里就形成了"听觉记忆"，以后碰上这些词，很快就能反应出来，就如同看熟了的老电影一样，听了上句就知道下句是什么。

第六，自录自听。录下自己读的课文，然后放出来听。这种方法可以检查自己的发音弱点，也可以借此增强自信心，为有些枯燥的学习过程增添一点趣味。

我把上述六点内容整合成了思维导图，在这里分享给大家。

市面上有各类英语补习机构，有需要的家长和同学可以根据自身的情况酌情选择。但不管是哪家机构，它都无法代替孩子学习英语，思维导图也只能帮助孩子理清学习英语的思路，为孩子的努力找到"发力点"，最终的学习还是要落实到"多读、多背、多看、多写、多听、多说"这六大方面上。因此，学习英语一定要分清主次，不要本末倒置。

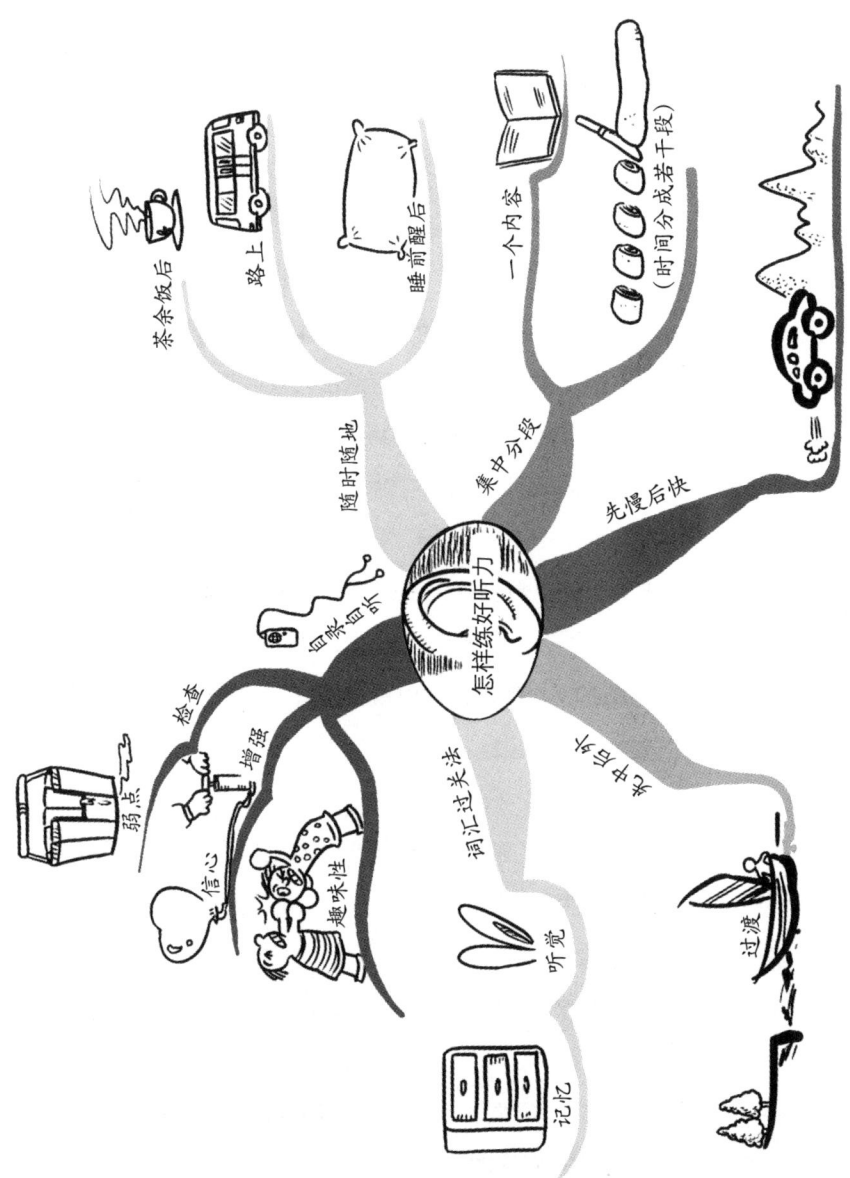

图3-3 怎样练好听力

听 崔宇讲思维导图

我不赞同数学"题海战"

和语文、英语一样,数学也是一门基础学科,小学一年级就有数学课。然而,这门基础学科却也是大家公认"有难度"的学科,它的难点就在于高度"抽象化"。抽象思维不占优势的孩子,学习数学确实就会吃力一些。另外,数学考试的选择题很少,这让一些"做不出就猜"的孩子非常不喜欢;填空题要求严谨、准确,否则就会得0分;解答题要求思路清晰、卷面整洁、答案准确,只要思路不对,努力写满了所有空白也未必能拿到1分的"同情分"。受这些特定条件的综合影响,这门人人都要学的科目成了拉开分数的"利器",拉开五六十分的差距也不是什么新鲜事。这也刚好诠释了数学补习班一直"火爆"的原因。

很多孩子数学学不好,一是因为难,二是因为没兴趣。打个比方,用语言描述摆在面前的5个苹果,你可能会用上"香气扑鼻""红润可人"等美好的形容词,但在数学面前,简明扼要的"5个"足以说明问题。因此,用数学语言形容"这个小区住满了人",其结果可能是"这个小区有住户10000户";解释"人山人海的地铁",其结果可能是"地铁早高峰的运输量为18000人/小时";描绘"高耸入云的山峰",其结果可能是"该山海拔2667米"……一切美好的画面统统演变成了数字,那些充满个性化的细节均被无差别地抹去,因此不少孩子觉得这门学科"太抽象""没意思"。

还有一点,数学是一门真正要打基础的学科,而且是一门知识点联系紧密的学科。文科的解答题,某一个知识点不知道,也许不影响后面的解题;数学的解答题,某一个知识点不知道,整道题或许就无从下笔。因此,小学数学基础没打牢,初中数学必定会吃亏;初中数学没学好，高中的数学课很可能就是在听天书。

数学平均只能考60分以下的孩子，一定是最基本的数学体系没有建立起来，只能做涉及单一知识点的简单题；平均能考90多分的孩子，说明已经有了一个大概的知识体系，但对知识的把握不牢固，题目稍难一些就很难得出正确答案；如果平均能考120多分，说明数学知识学得比较扎实了，需要注重解题思路的拓展与演算能力的加强，这些其实仍旧属于数学基本功的范畴——无非就是计算能力与定理、公式的灵活变通。

用思维导图学习数学，能把一个个看似独立的数学公式、定理串联在一起，让各个概念之间的隐含联系变得一目了然，为公式的变形应用铺垫基础。打个比方，"勾股定理"是几何学习中的常用定理，很多学生对这个定理的认识就是"$a^2+b^2=c^2$"，至于它的来历、如何推导出来的等内容一概不知；加上这些背后的内容数学考试一定不考，所以大家就习惯性地觉得掌握这一类数学知识对提高数学成绩没有实质性的帮助。其实，"勾股定理"是最基本的几何定理之一，是数形结合的代表思想之一，也是"余弦定理"的特例，并且牵扯出了无理数。掌握了这些来龙去脉，对打通数学概念之间的节点、刺激大脑思考有非常积极的作用。当各定理、公式之间的排列组合、迁移变化都烂熟于心时，只要细心计算，数学成绩的提升指日可待。

当然，除了使用思维导图整理知识，培养数学思维也非常重要。一般说来，学好数学需要培养以下3种类型的思维能力。

第一，比较归类。即能从不同角度对相互关联的概念进行比较，找出它们之间的异同。在做习题的过程中，还可以将习题分类归档，总结出解同一类问题的方法和规律，从而使得练习可以少量而高效。

第二，举一反三。课本中的例题非常重要，它反映了掌握这一部分知识最主要、最基本的要求。学习例题时，要懂得以例题为基础，尝试从"条件不变问题变"和"问题不变条件变"两个角度来变换例题,达到举一反三的目的。

第三,一题多解。每道数学题都可以尝试使用多种方法解答,在平时做题的过程中,不应仅满足于掌握一种方法,应该多思考,找出更多的解答方法,以培养多角度思考的好习惯。

基于以上的诸多理由,我并不赞同数学的"题海战"。在没有熟练掌握定理、公式的基础上盲目"做题找感觉",除了浪费宝贵的"学习时间",还会消磨宝贵的"学习激情"。"磨刀不误砍柴工",这是古人传下来的真理。

"3定"构建理科框架

物理、化学、生物,这3门学科构成了理科综合。虽然目前全国高考大有改革综合科目的趋势,但这并不影响单独学习这3门功课的总体思路。和学习数学一样,这3门理科也要遵循"3定"学习法,需要牢固掌握"定义、定理、定律"。此外,我还想简要介绍一下学好这3门功课的要点。

1. 物理

物理在理科中占有非常重要的地位,一些老师更是将其称为"理科综合的第一把交椅"。早期的物理研究与数学紧密相连,因此物理学得好的同学,数学成绩也都还不错。

不过,物理终究与数学是两门不同的学科。与数学相比,物理这门课程研究的内容更为具体,如光、力、电、磁、声等。由于都是具体的物象,因此把这些内容画进思维导图是非常容易的事情,剩下的工作就是熟记并理解大量的公式、定律,做到活学活用。

我之前遇到过一个学生，他的物理成绩非常好，在全国高中物理竞赛上拿过一等奖。在分享学习经验时，他就提到了自己引以为傲的"思维导图学习法"。

受其老师的影响，他在初一时就开始画思维导图。最开始学习的是长度测量、物体运动等基础性的知识，然后接触到了声学、热学、光学、力学等内容。每学一个板块，他就对一个板块的知识进行归纳，形成一张思维导图。在这个过程中，哪些知识掌握得比较牢固，哪些知识还有待加强就一目了然了。等初中知识全部学完后，画一张总图进行知识链接，打通知识体系，做到融会贯通；在这一基础上，再查漏补缺，有针对性地强化练习。

虽然物理考试不考原理背后的故事，但我还是建议学习物理时要注意留意这方面的知识，因为它们是帮助记忆理解公式、定律的良好线索与催化剂。了解得越多，就越容易对这门学科的知识感兴趣。特别是进入高中阶段，定理、定律大量增加时，有的孩子正在为记住这些枯燥乏味的知识而发愁，而有的孩子却发自内心地把它们当成一件件生动有趣的事情来做，由此进入一种学习物理的良性循环之中。别小看了这种兴趣的力量，最终它带来的分数差距可以是天壤之别。

2. 化学

在读书时，我的化学老师就说过"化学是理科中的文科"。相对于物理、数学来说，化学要记忆的知识确实很多，比如元素符号、分子式、化学方程式等。我在读书时也一度为学习化学感到头疼：大量自成体系的符号、规则，让这门学科看起来俨然如同一门"外语"；和物理成块的知识体系相比，化学的知识点明显要零散许多；考试题目大都不是记忆内容本身，而是知识综合运用的能力。所以，很多理科生物理学得不错，但在化学的学习上却不那么得心应手。

其实，像化学这种需要大量记忆，又需要知识迁移的学科最适合用

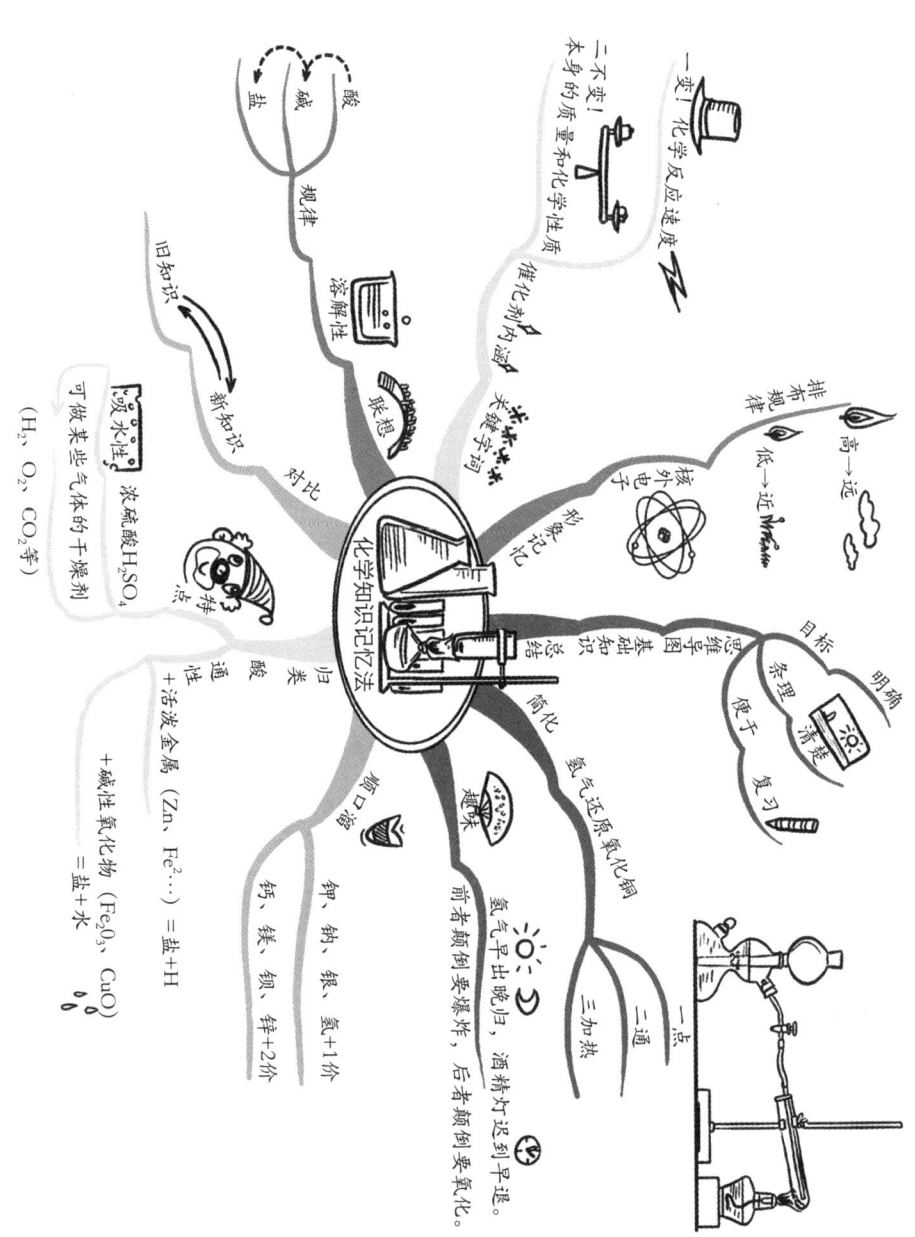

图3-4 化学知识记忆法

思维导图来辅助学习了。

借助思维导图构建一个宏观的化学知识体系非常重要。把全学科的知识放在一起,用思维导图整理出一个总纲,这就相当于占领了全学科的制高点,能够系统把握学科的学习情况。需要注意的是,使用思维导图学习化学,要充分利用思维导图的特性。如果只是单纯地把元素符号、分子式、化学方程式"照搬"到导图上,学习的效果可能要大打折扣。

当然,学好任何一门知识的方法都不是唯一的,前面这张思维导图也许能为大家记忆化学知识带来帮助。

3. 生物

我认为,生物比化学更接近"文科",因为相对于化学,生物涉及的计算量更少,知识的记忆量更大,不过知识体系也更为规范。许多生物教材在编写时就已经定好了由远古到近代、由低级到高级等顺序,同时还划分好了生物的几大生理系统、生物种类的门纲目科属种关系等。可以说,用思维导图进行生物学习,很多时候连"定顺序""理分支"这样的步骤都能省略。

生物这门学科本身就带有大量图片,这也减轻了信息图像化的转换难度。把握好知识体系的架构,掌握足够的图像素材之后,绘制生物思维导图是一件非常轻松而且有趣的事情。

思维导图本身是一种灵活多变的思维工具。利用思维导图学习生物时,也可以抛开课本上固有的体系,将不同章节之间的知识进行横向联系,完成知识迁移,达到活学活用的目的。

"5W1H"让文科不用"背到死"

政治、历史、地理,一提到这3门文科的学习,不少家长的第一反应就是——背。背得越多,背得越熟,这3门功课就能考得越好。这听起来似乎很有道理，因此从我读书开始，到现在我的孩子读书，这种观点在许多家长的心目中根深蒂固。

所有学科的学习，都应遵循在识记、理解的基础上进行运用的逻辑。文科科目虽然很少有需要计算的内容，但随着课程改革的逐步深入，"就事考事"的题目越来越少，不管是教学还是考试，都更侧重对学生分析能力的培养。从记忆的量来看，文科确实要比理科多，但记忆背诵却不是文科学习的全部。我见过很多成绩优秀的文科生，他们都有广泛阅读、勤于分析、善于思考等好习惯。海量的知识体系在他们的眼中，就是多元化的知识素材库，因此他们学习起来非常轻松。

文科有它的内在思维，不用"死记硬背"也能把这3门学科学得很好，思维导图能将其中的联系很好地展现出来。另外，文科理科本来也不存在孰高孰低之说，只是因为学科性质不同，需要采用不同的思维方式而已。

总的来说，政治、历史、地理这3门学科的学习可以遵照前面提到的"5W1H"学习法，化整为零、前后连贯地进行学习。虽然同属文科，但这3门学科同样也各有特色，学习时需要充分把握学科特点，善用巧劲。

1. 政治

政治是非常典型的文科，与生活的联系也非常紧密。政治学、哲学、经济学三大板块的内容，其本身逻辑非常严密，体系也很完整，只要耐心将政治学科的脉络梳理出来，就一定能把这门学科学好。

要学好政治，一定要学会从全学科的高度俯视，从整体上把握好教材的体例与框架，这样才能将大量繁杂的知识系统梳理出来，而这刚好是思维导图最擅长的内容。在搭建完框架之后，就要逐渐添加细节上的内容，像大树那样开枝散叶。

学习政治的一大难点是进行原理辨析，需要将相关概念进行迁移、关联、比较。所以，即便平时习惯只用一种颜色画思维导图，我也建议在整理政治导图时，至少使用两种颜色，让重点内容突出。

政治的主观题占分比重很大，很多孩子在这一部分上失分不少。单看每一道政治主观题，其实都像一篇议论小作文。如果说简答题是对书中知识的再现，那么分析论述题就是知识在脑海中的重新组合。我建议在解答这类大题之前，先在纸上用思维导图简单地打一个草稿，大致梳理一下答题的思路，这能让答案更有条理，确保知识点不遗漏，组织答案更轻松，老师阅卷时也不容易误判；同时还能提前规划答题书写的版式，尽可能做到卷面美观。

2. 历史

我个人认为，历史是所有学科中最好学的一门功课。不管是古代史、近现代史还是世界史，它讲的不过就是发生在不同时期、不同地点的真实故事。掌握了时间、地点、人物、事件、评价等内容，不可能学不好历史。

做辅导的时候，我也经常这样给孩子们提建议，有时也和家长这样说，但大家给出的反馈似乎是一致的——要背这么多细节性的东西，多辛苦、多枯燥啊！是啊，最大的问题就出在这。原本像故事一样生动有趣的事情，为什么要全部靠背诵呢？我们平时把有趣的故事分享给别人时，难道也都是提前背好的吗？难道不是因为了解了来龙去脉，才能跟他人娓娓道来吗？

因此，不要一开始就被琐碎的时间点、人名、地名、历史意义等内容扰乱了方寸。只需要调整一下思路，按照先宏观、后微观，先整体、后局部的顺序去整理、归纳，历史的学习就会容易很多。只要弄清楚了整个事件的来龙去脉，所谓的影响、意义，我相信每个人都能自己总结出一些。这样一来，单纯的记忆量也就减轻了不少。

历史既然是故事，就允许从不同的视角去归纳解读，因此在绘制历史导图时，除了按照书本上的既有线索来整理，也可以根据个人的兴趣制定专题，如皇帝专题、改革专题、战争专题、文化专题等，让历史知识产生横向联系。当知识在脑海中交织成网时，我们还用担心学不好历史吗？

最后，历史与政治一样，也有比较多的主观题，在解答论述题、分析题之前也可以借助思维导图来理清思路。二者的操作方式大体相同，这里也就不再多言。

3. 地理

地理在文科中非常特殊，属于"文科中的理科"。很多到我这里辅导的文科生都对地理颇为头疼，特别是自然地理，里面的许多知识都与理科联系紧密。这种"横跨文理"的特点让很多文科生一提地理就有畏难情绪。

提高地理成绩，首先要端正学习地理的心态。地理其实是一门很有趣的学问，在生活中的很多地方也都用得着，比如最基本的认路、出行路线的选择、旅游计划的安排等。对旅游感兴趣的孩子，平时我就建议他们看看不同国家地区的风土人情、民族特性、饮食文化等内容，其中包含着丰富的地理知识；对军事感兴趣的孩子，我就建议他们看看军事题材的小说、史料，特别是描写战争的部分，其中的部分内容往往也与地理中的地形、方位等知识息息相关；对天文感兴趣的孩子，我就建议他们看看相关的杂志、纪录片等，其中有不少内容或许能对地理知识的学习带来帮助。兴趣是最好的老师，只要孩子对一门学科不再有畏难情绪，整个学科的学习也就成功了一半。

地理学科的知识体系比较复杂，虽然总体可分为地球知识、自然地理、人文地理等部分，但各部分的知识点细小而繁杂，所以我推荐用思维导图将这些细碎的知识点"系统化"。

学习地理会遇到大量图形，这刚好与思维导图的特性相契合，因此

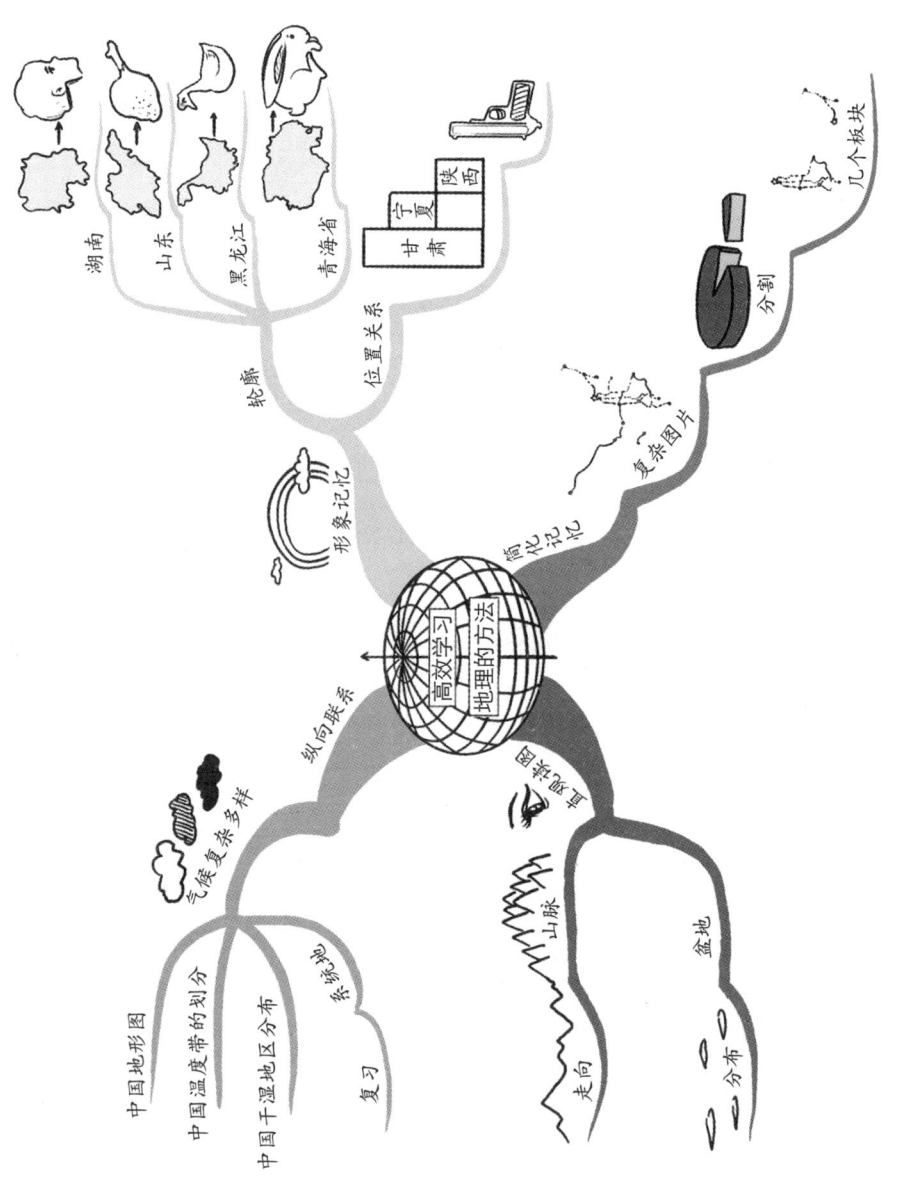

图3-5 高效学习地理的方法

我建议绘制地理思维导图时，要善于将地理教材和教辅资料上的典型图形整合到思维导图之中。直接用地图作为思维导图的底图也是值得尝试的一个思路。我期待害怕地理的孩子在地理学习上取得进步。

学习感悟

第八章　培养事半功倍的习惯

在学习中使用思维导图，不仅能有效提高学习成绩，还能培养诸多好习惯，如制订学习计划导引学习、提升阅读质量、提高笔记的实用性等，这些都是思维导图力所能及的范围。通过多年的教学实践，我发现只要养成这些好习惯，就能让孩子的学习"事半功倍"，真正实现"快乐学习"。

制订计划，导引学习

如今，孩子的学习压力比以往任何时候都要大，很多孩子每天早上一睁开眼睛，就能看到张贴在床头的英文单词和突击目标。完成一整天的紧张学习之后，孩子们回到家都比较晚了，如果遇上阶段复习，作业压力更是倍增，根本不知道该先做什么、后做什么，结果每天都忙到很晚，却没有见到任何效果。有个孩子甚至跟我抱怨：生活根本不是五彩缤纷的，明明只有黑色的铅字、红色的批语，以及或蓝或黑的圆珠笔字；不管是冬天夏天，脑子里出现的永远都是英语单词、诗词古文，以及越来越复杂的定理公式……日复一日，暗无天日。

出现这种情况，说明孩子陷入了"无序"的状态，亟须制订一份切实可行的学习计划。不少家长对此质疑：孩子每天的学习时间都不能保障，再抽出时间来做计划，不是让原本就不够的时间变得更紧张了吗？

其实不然。制订计划的目的就是从宏观的角度把握每天的时间，至少能够优先完成重要、紧急的事情。处于无序的状态下，心中的目标就很容易模糊，大量时间都花在了可做可不做的事情上，结果导致最关键的事情没有处理，继而影响了效率。学习亦是如此。如果每天都清楚自己学习最薄弱的环节是什么，并且及时予以加强，学习成绩就能提升很多。

我经常建议前来辅导的孩子们用思维导图制订学习规划，比如订立学年计划、学期计划、月计划、周计划，甚至具体到每天的学习计划。别看只是几根线条，几个小目标，它对孩子其实有着很强的监督作用。这个习惯我建议越小养成越好，孩子比较小时，只要家长稍加监督，孩

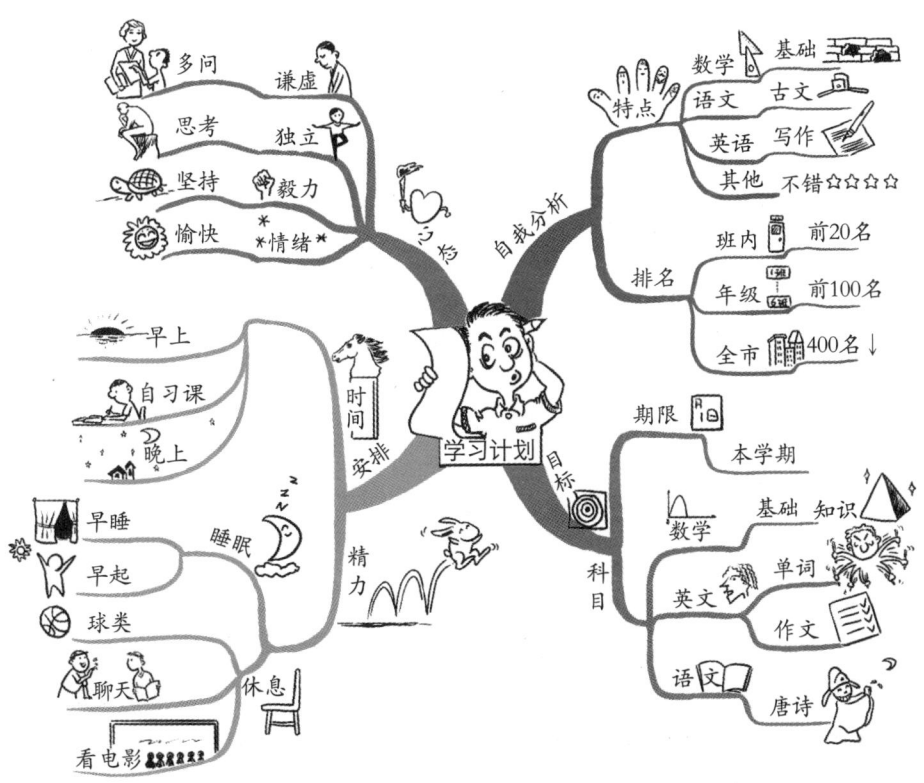

图3-6　用思维导图制订学习计划

子就能执行到位，养成习惯也就相对较容易；年龄越大的孩子，越认为自己有"主见"，想要说服他们给自己的学习做计划就不那么容易了。为什么这么说呢？打个很简单的比方，市面上有很多写给大人看的时间管理书、效率提升书，买的人很多，但看的人不多，坚持做的就更少，因为大家都是成年人，形成了自己固有的看法，能为自己不这么做找到无数理由。

上图就是利用思维导图制订学习计划的例子，一目了然，简明扼要。

平时手绘导图计划时，无须处理得如此精细，毕竟用导图做计划的直接目的是理清一天的工作顺序。像下面这个孩子用手绘制的学习计划，我认为就简约而实用。

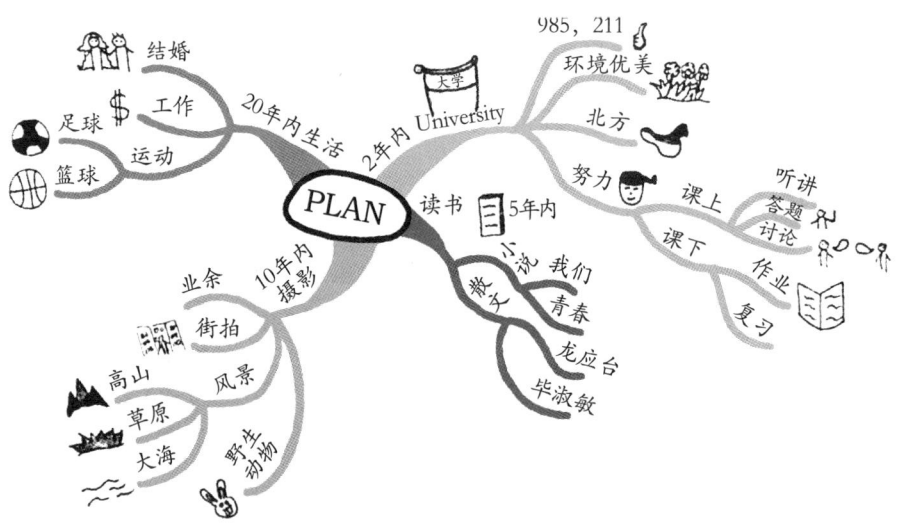

图3-7 简约版的手绘学习计划

一份好的学习计划是实现学习目标的前期保障，能有效提高学习效率，减少时间浪费，甚至直接提升自信心。绘制好的思维导图要贴在显眼的位置，然后按要求坚持下去。只有贯彻执行，制订的计划才能真正发挥作用。

高效阅读：一眼找出重点

什么是"高效阅读"？汉语中有一个非常形象的词语——一目十行。

"一目十行"古来就有。《三国演义》中就记述了这样一个故事：张松"一目十行"高效阅读了曹操的《孟德新书》，事后，他当着曹操的面，复述了这本兵书的内容，并说这本兵书在四川人人都会，甚至连儿童都知道。曹操随即无比愤怒，当即烧毁了他苦心编写的这部兵书。三国时期的诸葛亮也是高效阅读能手，能做到"读书敏速，行俱下"。

古今中外，高效读书者不乏其人。现代文学巨匠郭沫若，17岁时竟在一夜之间读完了100多万字的文学名著《红楼梦》；无产阶级革命家高尔基也是高效阅读的能手，看完一页书用不了1分钟，并且印象深刻；美国前总统肯尼迪能以每分钟2000个单词的速度阅读小说、新闻报纸和例行报告，以快速获取信息。

现在，我们进入了一个"知识爆炸"的时代，每天都需要阅读大量的材料和信息，同时还要从这些信息中筛选出有用的内容。这时，很多人感觉最缺少的就是时间，高效阅读法也因而备受人们关注。高效阅读的方法其实有很多，我在这里主要结合思维导图，介绍一下学习上的高效阅读法。

学习上的高效阅读，其实就是"提取知识"的过程，然后配合书摘，把书由厚读到薄。相对于一般阅读，学习上的高效阅读不一定追求"一目十行"的快速，但却追求看完"心中有数"的效果。

老师经常告诉同学们，要多看书，养成课前预习、课后复习的好习惯。然而，在给孩子们辅导功课的过程中，我发现有不少孩子找不到

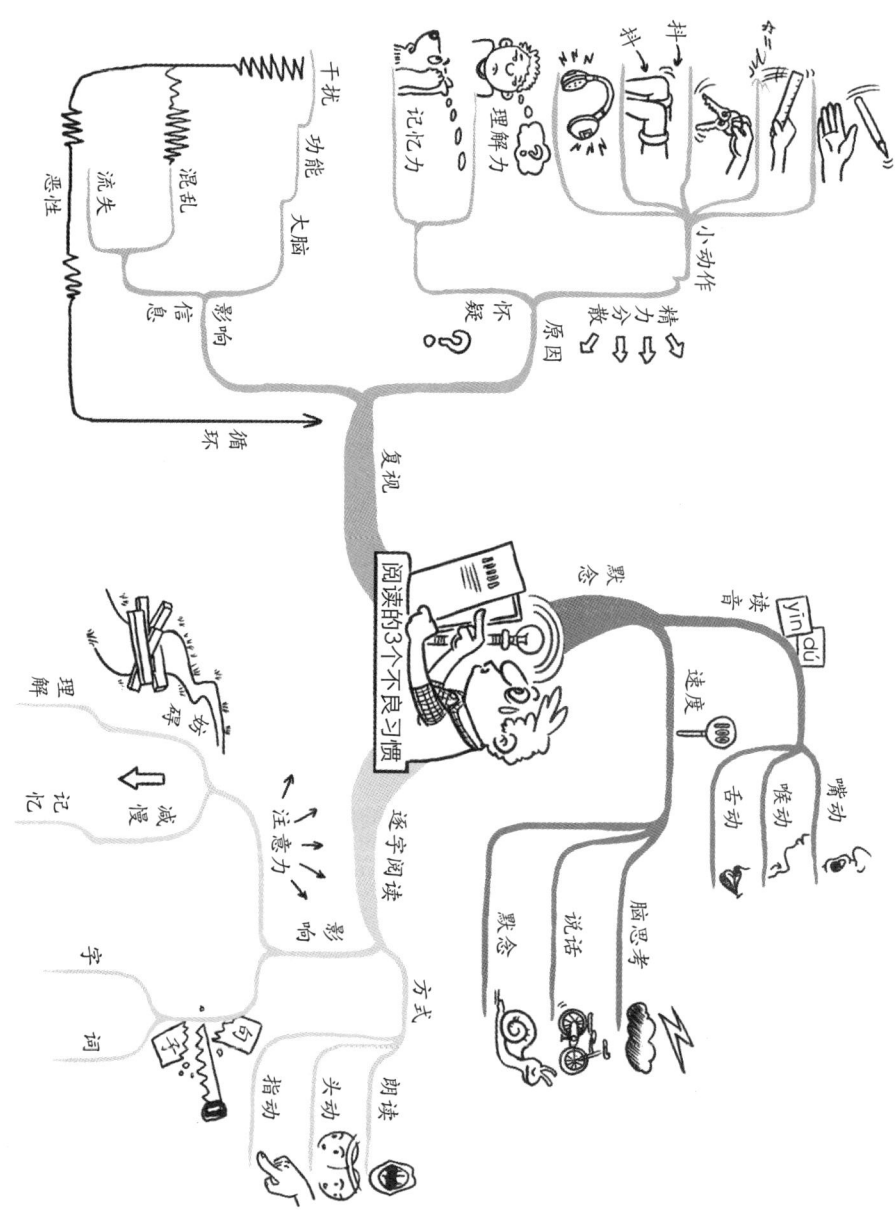

图3-8 阅读的3个不良习惯

"重点"，无法从书中提取出有用的信息，看完跟没看一样。最直观的一个表现，就是书上用线条画得满满当当，整段话整段话地做标记、画重点。这样做既不能给复习带来任何帮助，还会让书看上去乱七八糟。

找不到重点的原因是找不到"关键词"。其实，教材中有些关键词非常明显，如学习纲要、标题、练习题、考题等，提问留白的地方就是学习与考查的重点，应当多加留意；中心句、结尾句等有很大概率是重点；文字描述中，与"5W1H"相关的信息多为重点信息；序列表述中，"首先""然后""最后"等词语后面的内容也要留意；"因此""总之"等表示总结的关联词，以及"然而""但是"等表示转折的关联词后面往往可能是重点……

当然，有时候"关键词"不明显，这就需要对原有内容进行提炼。这个过程与思维导图"提炼"的步骤相同，一边读书、一边使用思维导图做书摘的意义也在这里。再次复习时，这些提炼好的"关键词"就能极大提升阅读的效率，做到事半功倍。使用思维导图的次数越多，提炼概括内容的能力越强，阅读的整体效率也会得到进一步提升。

我曾经让一个孩子养成了用思维导图阅读的习惯，这个孩子最后在英语学习上收到了意想不到的效果，最明显的就是英语阅读理解能力的提高，最后高考时，她的英语考了141分。其中的原因，用孩子母亲的话来说就是"一眼就能找到有用的信息"。

不过，不管用什么方式阅读，都要克服以下3种不良习惯：默念、逐字阅读、回头阅读。这3种阅读习惯或多或少存在于每个人的身上，有不少人甚至丝毫没有觉察。

总而言之，阅读可以变得更便捷、更高效。任何高效的方法本身并不神奇，神奇的是努力、落实、改进的过程。

有趣实用的思维笔记

几乎从小学开始,老师就让学生做简单的笔记了,如记下关键词、圈出重点、在重要的语句下面画线、在不懂的那一页折个角……有些孩子为了保持书本的整洁,甚至还会借助直尺或波浪尺,因为这样能让线条更漂亮。我看到过不少画满了圆圈、线条,整整齐齐地折了许多角的教科书。别的不说,这些孩子的学习态度最起码都是端正的。

随着孩子掌握的知识逐渐增多,笔记也越来越规范。除了做标记,有些孩子会把老师讲课的重点写在书页对应的空白处,有些孩子会把老师的板书工工整整地抄下来,还有的孩子会将笔记写在贴纸上然后夹进书里。为了让笔记美观,一些女生甚至还动用了红笔、蓝笔、黑笔,以及五颜六色的荧光笔。秀美的字迹,加上整齐的排版,让每个人看过之后都会感慨——你的笔记真漂亮!你真舍得下功夫!

如果笔记做得认真,学习成绩就能提高,我想很多人都会养成记笔记的好习惯。毕竟记一次笔记,就相当于对所学的知识进行了一次提炼,等同于重温了一遍"旧知",重新再复习时,就能很快找到重点。从理论上讲,这没有任何问题。

但现实中,孩子们记的笔记是怎样的呢?我仔细回想了一下前来咨询的学生与家长,然后得出了以下归类。

第一种,特别认真仔细型。这类孩子的笔记,要么课本上密密麻麻都是字,要么写满了好几个笔记本。其中,有的版面"放荡不羁",颇具写意的特色;有的排版非常巧妙,虽然满满当当但条理清晰,字不美观也能让人赏心悦目。这些孩子往往有一个共性:成绩大都平平,特优或特差的都是极个别现象。因此,大多数家长非常困惑:这该写的，该记的都弄了，有时还专门借同学的笔记来看，抄老师的教案、课件，就怕遗漏了知识点；为了便于复习，还特意把笔记抄得特别整齐，但成绩就是不理想。

第二种，看心情型。相对于前一类孩子，他们对笔记的依赖性不强，偶尔会记笔记，但大都不成体系，零碎性较高。这些孩子往往成绩波动较大，个别单元测试或难度相对较低的综合考试比较容易取得好成绩。很多随同的家长跟我反馈："这孩子记笔记一点儿也不专心，有一阵儿没一阵儿的，如果能认真记笔记，成绩说不定就好了。"

第三种，不动笔型。这类孩子基本不记笔记，最多在书上留下一点儿标记。考试文理分科的地区，理科生不记笔记的偏多；男女生对比，男生不记笔记的偏多。对于这一点，我表示理解。理科生强于演算推理，并不注重笔记；记笔记本身是一件需要极大耐心的事情，因此记笔记的孩子中女生居多，而不少男生主要通过向女生各种示好，以便在考前借来笔记观摩学习。

作为一名教育工作者，我觉得应该就"记笔记是否有效"这个问题明确表个态——笔记的确是个好东西，但前提是会有效地记笔记。

纵观我们通俗意义上的笔记，它们往往具有以下四个特点。

第一，使用句子记录信息，力求信息完整以便日后回想。

第二，按照层级划分信息种类，并冠以1、2、3或者a、b、c。

第三，结构整齐，颜色单一。

第四，个别记录者会在最后留下札记形式的感悟。

这类笔记叫"线性笔记"，它们在一定程度上总结归纳了知识，并且确实让一部分人学习进步了，但它同时也给更多的人在学习上制造了新的障碍。我为什么这么说呢？

首先，最直观的弊端是"费时间"。大家仔细琢磨下前面提到的"特别认真型"的孩子，通过他们的做法，大家是否能想明白点什么？

传统笔记大量使用句子记录信息，这样一来，记笔记首先要花上大量时间。写得越多，越担心遗漏，往往还要回头去检查。如果再追求美观、工整，花费的时间就更多了。等回过头来看笔记时，却无法在海量的笔记中找到需要的关键词，因此又需要重新花时间来阅读。偶尔的信息缺失还会造成前后知识"不关联"，往往还得回过头去翻书查证……仔细算一算，记笔记、看笔记的时间有时甚至超过了学习本身。这样的"本末倒置"，又怎能让学习成绩有实质性的提高呢？

第二，最尴尬的体验是"记不住"。记笔记的初衷是为了提取有用的学习信息、减轻记忆压力，但真正面对密密麻麻的笔记时，又没了继续阅读的欲望；500页的书哪怕浓缩成10页，也依旧难以背下来；更让人糟心的是，背完的东西考过就忘，唯有反复机械记忆才能勉强维持模糊的印象。不过长时间的机械记忆容易让大脑"忘记思考"，养成记忆知识而不是思考知识的习惯，容易形成思维惰性。

第三，最痛苦的经历是"没有用"。先要肯定一下：能把笔记背下来的孩子，都是有毅力、肯吃苦的，要提出表扬！通过这种方式，有时在考试中的确也能拿高分，因为考试题和复习笔记之间难免有着一一对应的关系，遇到这类题，记忆中的内容可以在考场上一个萝卜一个坑地填进去，这种类型的题目就叫"死题目"。如果考试的题目涉及几个知识点的横向比较、纵向分析，考了知识点的关联性，且复习笔记中没有现成的答案背诵，很多孩子就解答不出来了，这种类型的题目就叫"活题目"。线性笔记不能很好地体现知识点之间的关联性，学生在记笔记时也很少关注这个问题，因此对笔记依赖较强的孩子，往往会在这种难度大的考试中失手。但孩子并不知道，他们只是机械地认为：这笔记没用，考题都没覆盖。其实并不是笔记没用，而是我们被传统的"线性笔记"束缚了思维，在平时的学习中思考不足，导致信息的迁移能力太弱。

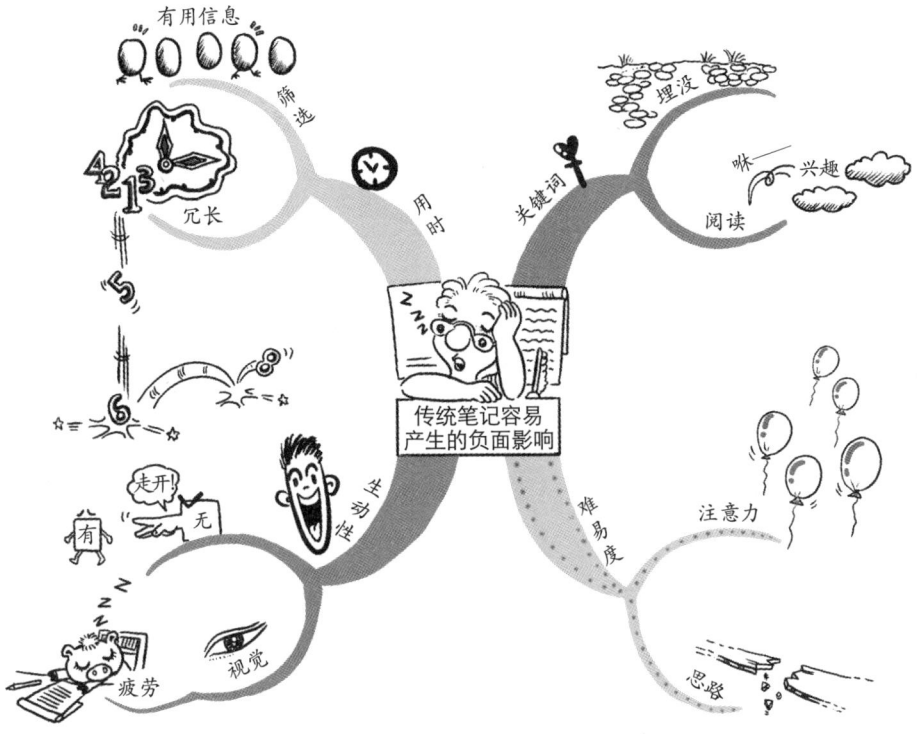

图3-9 传统笔记容易产生的负面影响

第四,最头疼的事情是"没意思"。在很多人看来,记笔记是一件"没意思"的事,因此有的孩子记着记着,就画画去了。听课听得无聊的同桌看到了,第一反应是他怎么能在课上画画?但随后一想,这确实比听不懂的课有趣多了,于是同桌就开始看这些画。一部分画得好的作品甚至还会被同学们传阅。课本上的"涂鸦文化"不就是这么发展起来的吗?

本身就是一件"没意思"的事,外加"浪费时间""记不住",而且还"没有用",这也难怪会有很多人提出"笔记无用论"的观点,一些老师现在宁可在课堂上多讲几遍,也不赞成学生在课上花时间记笔记。

其实,笔记并没有错!我们的孩子长时间在用传统的方式机械地记笔记,除了鲜有人引导,更重要的是,他们并没有接触到更好的记笔记

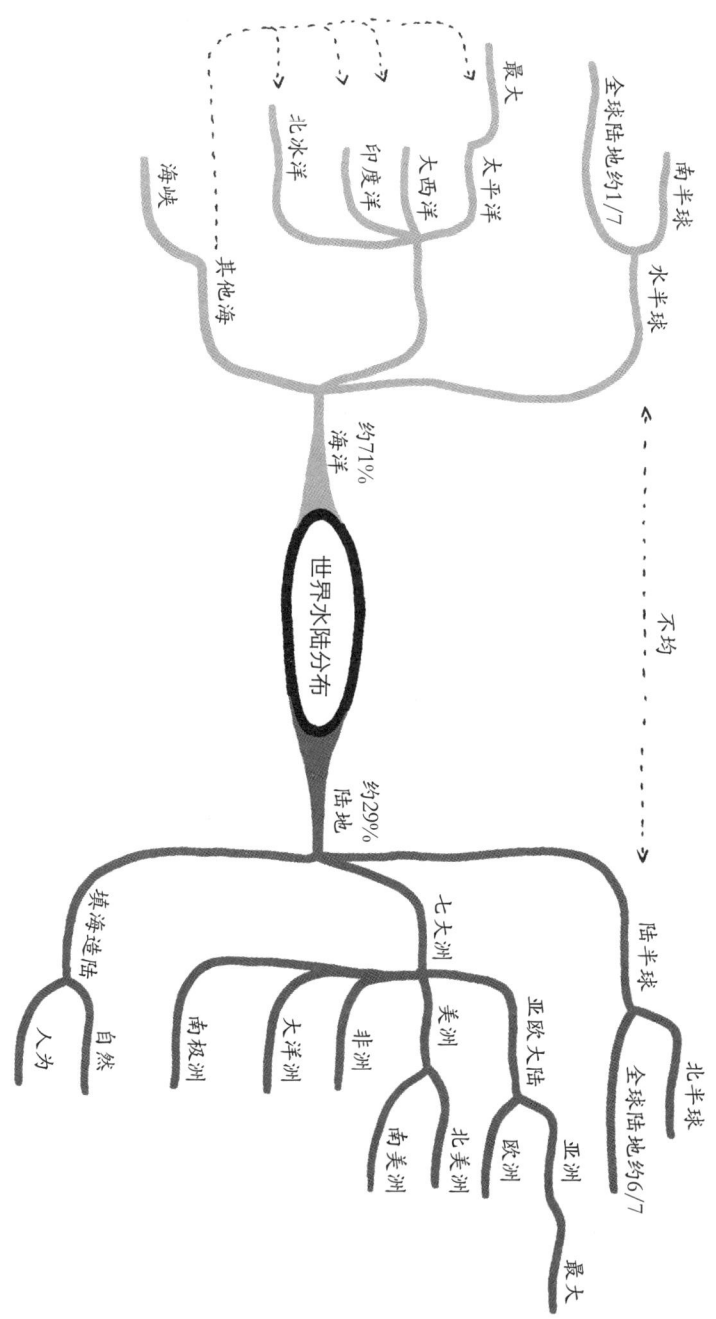

图3-10 思维导图笔记

方法，也不懂得笔记的真正用途。很多时候，孩子的笔记是写给要检查的老师看的，是写给监督的父母看的，是写给好朋友看的，最后才是给自己看的。

值得欣慰的是，我教过的学生中，已经有不少学生尝试使用思维导图来记笔记了。图3-10是我的学生用思维导图进行学习、做笔记的成果展示。相比传统的"黑豆腐块"，思维导图式的笔记是否更加有趣呢？

导图的具体画法，我在前面已经详细讲过，这里不再啰唆。最后强调一下真正有效的笔记应该具备的3个关键点。

关键词——便于快速提取信息。

可联想——便于打通知识之间的联系。

够醒目——便于刺激大脑进行思考。

如果你的孩子在学习中使用传统笔记并且收效不大，那么，我认为用思维导图记笔记值得尝试。你的孩子很有可能会因此而爱上学习。

在课堂、讲座上边听边画

有一次，一位家长带着孩子到我这里进行学习辅导。我请他们坐下之后，家长就连忙让孩子从书包中拿出纸和笔。

我说："不着急，咱们还没开始呢。"

家长回答："崔老师，我是想让娃把您说的东西都记下来。我忘性大记不住，孩子小又爱玩，怕他出了这门也记不住，就让他带着笔和本儿。您说他记，这样不至于出错。"

听到这里，我连忙摆摆手，说："咱们不用那么正式，我们先聊一聊，把心情放轻松，就是普通的交流而已。"

孩子很听话，我一直在说，他的小眼睛就一直盯着我，偶尔还会笑一笑。期间，我也翻看了一下他的笔记本，一个男孩子，听课笔记工工整整，做得非常漂亮，很像老师的板书，看来下了不少功夫。坐在一旁的家长似乎并没有领会我的意思，时不时地用手推一下孩子："崔老师讲了那么多，你咋一个字都不记呢？你脑子记得住吗？成绩下降了，是不是因为上课不记笔记啊？老师讲的你不记，你咋可能考得好呢……"

"没事，我就是跟孩子聊聊，先了解一下他的情况。我觉得他听得很认真，我相信他记住了。"我连忙打断了这位家长的数落。

"崔老师，我就是觉得你刚才讲得特好、特对，所以想让他记下来。看看这孩子，学习一点儿也不主动，讲了重点都不知道记，愁死我了！"家长的语气显得有些急。

后来，我和孩子的交流又被家长打断了。于是我跟家长说："孩子的情况我大概了解了，一会儿我们有一个'师生一对一'的训练要做，您可能需要在休息区等一下。"

我把孩子带到了办公室里，然后对他说："我看你的听课笔记做得很漂亮，是上课的时候做的，还是下课之后补的？"

"上课时候做的，老师经常表扬我的笔记做得好。"孩子很自豪。

"那你的笔记做得这么好，有什么诀窍吗？"我追问道。

"也没啥，就是我愿意花时间去抄老师的板书。老师怎么写，我就怎么记。有时老师讲得快记不住，我就下课找老师借教案抄。"孩子爽快地答道。

"你这么做，有时间听老师讲课吗？"

"平时还能一边听一边记，复习课就不行了，记不过来，老师讲的东西太多了。"

"那岂不是影响了你听课？"

"有一点，但有笔记我可以课后重新看，看不懂再去问老师。"

"我看你学习很认真，学习态度也很诚恳，今天教你一个记课堂笔记的新方法，还挺好玩的。你想不想试一试？"

孩子很高兴地点了点头。

我给孩子准备了一张A4白纸，横放在他的面前，并且给了他蓝、黑、红三种颜色的笔。我先把思维导图的画法教给了他，然后让他尝试着用导图记录我所说的内容。平时习惯了一字一句地认真记录，今天让他随意一点，孩子虽然显得不太适应，但也觉得新鲜、有趣。我告诉他，以后上课就尝试用这种方法记笔记，节约下来的时间可以用来听课。下课再花时间整理时，就相当于复习了一遍，这样用的时间是一样的，但学习的效率却提升了一倍。最后我又叮嘱了他一遍："笔记首先要有用，能给学习带来帮助，在这个基础上再讲好不好看。"他若有所思地点了点头。

第二次再见到这个孩子时，已经是大半年以后的事情了。孩子跟我讲，自己的听课效果确实比以前要好些了，老师也经常表扬他积极思考问题。上课用思维导图记笔记，起初有老师反对他这么做，认为他上课不认真，但好在孩子坚持了下来。现在成绩有了显著提升，数学考试考了两次满分，之前反对他的老师也渐渐支持这种"新方法"了。

据我了解，很多孩子上课所谓的"记笔记"，其实就是在"抄板书"，大量的时间花在了与老师口述内容"同步""一致"上，根本无心对老师讲课的内容进行思考；下课又要重新花费时间去理解老师讲课的内容，如此写完作业自然就没有了复习巩固的时间。用这种"事倍功半"的方法学习，效率怎么可能有效提高。

用思维导图记听课笔记还有几个关键的地方，我有必要在这里强调一下。

第一步，上课之前，要对当堂课的内容进行预习，做到整体心中有数。然后大致画出一个导图框架，速射出几个与主题相关的分支，留出一部分空白补充新内容。

第二步，上课时，随堂记录相关的关键词，并且与之前速射的分支相关联。遇到不相关的内容暂时写在预留下来的空白处，事后找出与本堂课之间的关联。如果这一问题自己无法解决，就要立即向老师请教。

第三步，课后整理，把课上记录的草稿重绘成一张完整的导图。完成这一过程，就相当于复习了一遍课堂上的知识。

用思维导图记录课堂笔记，我们应该明确一点——记笔记的重点是内容，而不是单纯为了视觉上的"美观"，否则我们又会陷入抄板书，或者传统线性笔记的弊端之中。

常用"目标板"，努力看得见

对于所有前来找我咨询学习问题的家长、学生，我都建议他们使用"目标板"来对学习情况进行监督。很多家长、学生在使用之后都跟我反馈，说这份表格用来督促学习非常实用，至少能让下一阶段需要努力的方向清晰可见。表格如图3-11所示。

我为什么会想到做这样一份表格呢？因为我常常发现，在咨询完或者听完我的课之后，很多家长仿佛看到了孩子学习成绩即将提高的一线光明，很多孩子似乎也觉得自己终于找到了"稳拿高分"的宝贵秘籍。我见家长、孩子的兴致都很高，于是往往会趁热打铁地问孩子一句："接下来你打算怎么做？"家长这时的期望值似乎也达到了顶点，那一双双满怀期待的眼睛无一例外都望着自己的孩子出神，仿佛孩子即将脱口而出一套针对性极强且行之有效的学习计划。然而，大部分孩子在这个时候的表现都令家长大失所望。我听到的大多数回答都是一句犹犹豫豫、欲言又止的"不知道"，几乎没有例外。

简单的"不知道"三个字，传递的其实是孩子对抽象目标的不明确。

学习目标板

姓名		
我的目标 图像、感受、日期		照片
目标总分		目前总分	
各科成绩（目前分数/满分）					
语文	/	政治	/	物理	/
数学	/	历史	/	化学	/
英语	/	地理	/	生物	/
计划					
成像强化 每日一图	
错题整理	
基本知识 "5W1H"、 "3定"、 2个翻译	
每天预习 每周复习	

图3-11 和能教育"目标板"

不仅仅是孩子难以确立一个明确的目标，很多家长也做不到这一点。我就不相信，每一位家长都清楚自己的人生目标。其实，只要不是自我教育达到了一定高度，很多人都不会思考这个问题；同样的，只要孩子的学习没有达到一定境界，他们也不会往这方面考虑。这需要引导、督促。然而，不少家长认识不到这一点，有的还会怒斥孩子"不用心""不争气"。大多数孩子都是这样，不知道该怎么努力，这是事实，也是我制作这份表格的初衷。

"目标板"就是为了解决孩子学习目标不清晰的问题，让努力的方向更明确。所以，我建议按照以下的顺序填写表格。

第一步，填好基本信息，如实记录现阶段的学习感受等内容，写下目前的总分，并且记录下详细的日期。目标总分先不着急填写。

第二步，如实填写各科目的现阶段成绩，然后根据各科的现有成绩制定小目标。比如，数学目前为95分，下一阶段计划达到100分；物理目前为77分，下一阶段计划达到80分。这时，表格前面的目标总分就可以轻易地得出了。不要觉得3分、5分的进步不起眼，认为这种"微不足道"的进步不好意思写上去。如果每一科都能落实3分的进步，总分就能上升27分；一个学期能够保障2次有效提升，一个学年就能让总分增加100分。所以，不要过分追求表格数据的好看，重点在于制定一个切实可行的目标，同时记录下真实的信息。

第三步，针对各科的学习制订日清或周清计划。表格中建议每日完成一张思维导图；每天进行错题整理；每天落实一部分基础知识，如文科的"5W1H"，理科的"3定"，外语学习中的2个翻译；每天做好学科复习，每周做好周复习；有条件的家庭还可以进行每日正能量的培养，始终给孩子的学习以"积极的暗示"。这些工作看上去非常烦琐，但却不难做到，贵在坚持。千万不要让孩子盲目地扎入题海中，基础不牢固的时候盲目进行题海战等同于浪费时间；学习成绩好的孩子可以鼓励他们有针对性地做题强化，但做题始终只是一部分，关键还在做题之后的分析、思考与归纳，要用有限的时间"做一反三"。

当然，考试分数只是一个参考指标，每次考试的成绩不仅与自身掌握的知识情况有关，也与考试的实际难度有关，所以不要过分地被分数拘束，而要通过考试发现知识体系中存在的漏洞。

每一张写好的"目标板"都值得保留。只要正确使用"目标板"，学习成绩的总趋势一定是稳步上升的，等到回头翻阅每一张"目标板"上的信息时，就会发现学习路上走过的一个个脚印都清晰可见。

学 习 感 悟

第四篇
画出完美人生

　　思维导图不仅是一种学习工具，也是人们工作、生活中的得力助手，其清晰的架构、强大的张力与包容力，能很好地适应不同领域的工作需求。长期使用思维导图，能够理顺思绪，让工作与生活变得井井有条；同时，大脑的潜能也可以得到有效开发，使创造力、记忆力等方面的能力得到强化，助力实现完美人生。

第九章　人人都有创造力

创造力是区分一流人才和三流人才的分水岭。有创造力的人，走向社会之后会受到诸多企业的欢迎，在机会有限的社会之中也更容易脱颖而出。创造力既不神秘，也不稀有，通过适当的发散思维训练，人人均可获得。思维导图，就是一把开启创造潜能的"金钥匙"。

灵感真的可遇不可求吗

法国著名画家毕加索曾说过："艺术家是一个容器，能容纳来自四面八方的感情，可以是来自天上的、地下的，来自一张碎纸片，也可以是来自一闪即逝的形象，或是一张蜘蛛网。"毕加索说的，就是创意的火花——灵感。

自古以来，灵感就被人们赋予了一种神奇的力量。

神话传说认为，灵感是缪斯女神对凡间诗人的赐予。英国浪漫诗人柯勒律治从一次梦中得到启示，醒来之后写下了著名的诗篇——《忽必烈汗》（Kublai Khan），后来一位客人登门拜访，打断了他的思路，这首诗就再也写不下去了。著名作家赖声川的舞台剧——《在那遥远的星球，一粒沙》也是他在梦醒之后写下来的，最终成型的剧本内容跟半夜醒来后写下的文字相差无几。

灵感不一定产自梦里，也可能在散步时偶得。现代英国诗人阿尔弗雷德·豪斯曼就曾生动地描述过他作诗时产生灵感的过程。当时，他正在英国乡下散步，走着走着，一种奇妙的想法突然涌入脑海，两段诗文随即脱口而出，而且跟后来出版的内容一字不差。当他喝完下午茶后，稍微努力，第三段诗文也写出来了，但剩下的最后一段内容却怎么也写不出来。豪斯曼不禁感慨："唉！这种神奇的力量怎么就消退得如此之快？"

生活中，我们也曾听别人说过灵感这回事。记得我读书时，作文课上，老师刚刚布置完一个题目，我们班有个女同学只沉思片刻，马上就能提笔疾书，下课铃响之前，一定能把作文交到老师的手里，在老师审阅过后，这篇文章往往会作为范文在班上分享。这就是灵感的力量。

很多人其实都体验过被灵感击中的奇妙滋味，这种感觉很难用言语描述。有时被旁人察觉，自己往往也只能内心偷喜，然后淡淡地说一句："没什么，就是突然想明白了一件事。"那种突然而来的灵机一动，以及"大彻大悟"般的酣畅，就是灵感来临的最佳体现。

灵感虽然没有那么玄，但灵感产生的逻辑确实很难捉摸，它属于一种极富跳跃感的思维逻辑。比如，让人形成灵感的事物是A，一般人可能会由A联想到B、C、D等关系密切的事物，但也可能让人直接从A联想到看似不相关的N，并得出最终的结论Z。做比较复杂的题目、侦破复杂的案件、进行创新性发明的时候，这种跳跃性思维往往能够取得巨大成功。我在陪孩子看动画片《名侦探柯南》时就发现，主角柯南经常能将一些普通事物与破案的关键线索联系起来，这其实反映的就是极富跳跃感的思维，也就是我们常说的"灵光一闪"。

直到现在，科学家们虽然依旧没有弄清楚灵感产生的具体过程，但这并不影响人们培养灵感。培养灵感的最佳方法就是不断思考，不断探索新事物。平时多读一些自己并不感兴趣的书，鼓励自己多尝试不擅长的事情，闲时允许大脑"胡思乱想"……这些都是培养灵感行之有效的方法。只有不断接受新事物的刺激，新的想法才可能从脑海中源源不断地冒出。

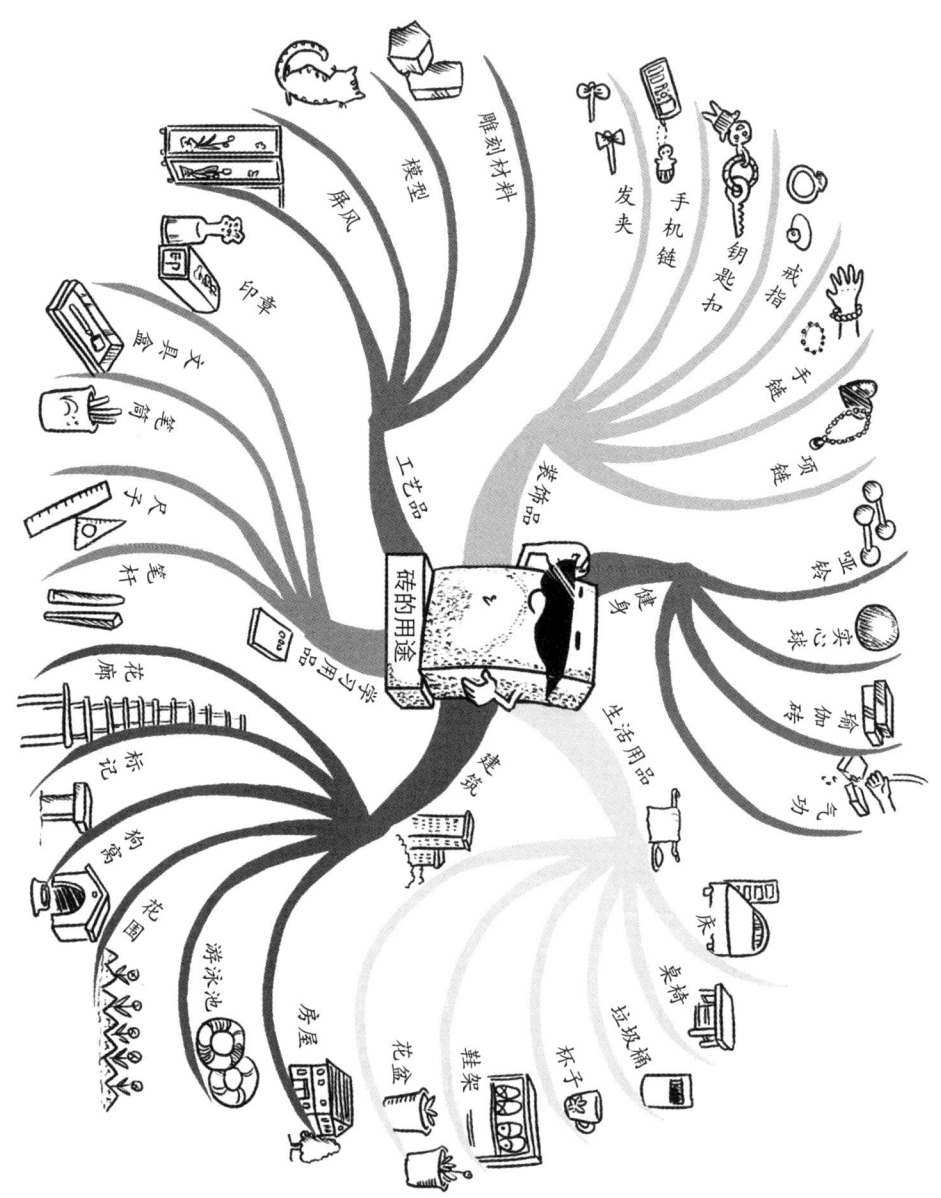

图4-1 借助思维导图"胡思乱想",开发大脑

伟大的思想家艾伯特·爱因斯坦曾说过："我日复一日、年复一年地不断思考，99次的结论都是错误的，但第100次我是正确的。"头脑风暴时，产生的想法可以密密麻麻地写满一整张纸，最终有用的也许只有其中的一两个。因此，有思考，灵感才会显现。

我为什么提倡使用思维导图进行创意性工作，是因为其中一个最大的好处就是思维导图能不断激发创意和灵感，加强并巩固构思的过程，增加了生成新想法的可能性。这个过程本身充满乐趣，能让人身心愉悦，思维导图的制作者极有可能因此突破固有思维的束缚，导致新创意——灵感的产生。

发散思维，激活大脑

发散性思维是思维导图最核心的表现。我们一起来看看下面这个事例。

在某公司的活动中，公司老总和员工们一起做了一个游戏。

组织者把参加活动的人分成了若干小组，每个小组要选出一个小组长扮演"领导"的角色，自始至终要说的只有一句"太棒了！还有呢？"充满激的台词。其余的人扮演员工，台词是："如果……该多好！"游戏的主题词设定为"马桶"。

主持人宣布游戏开始时，大家都沉默不语。不一会儿，就有人开口道："如果马桶不用冲水，又没有臭味该多好！"

"领导"一听，激动地一拍大腿："太棒了！还有呢？"

另一个员工接着说："如果坐在马桶上也不影响工作和娱乐该多好！"

听 崔宇讲思维导图

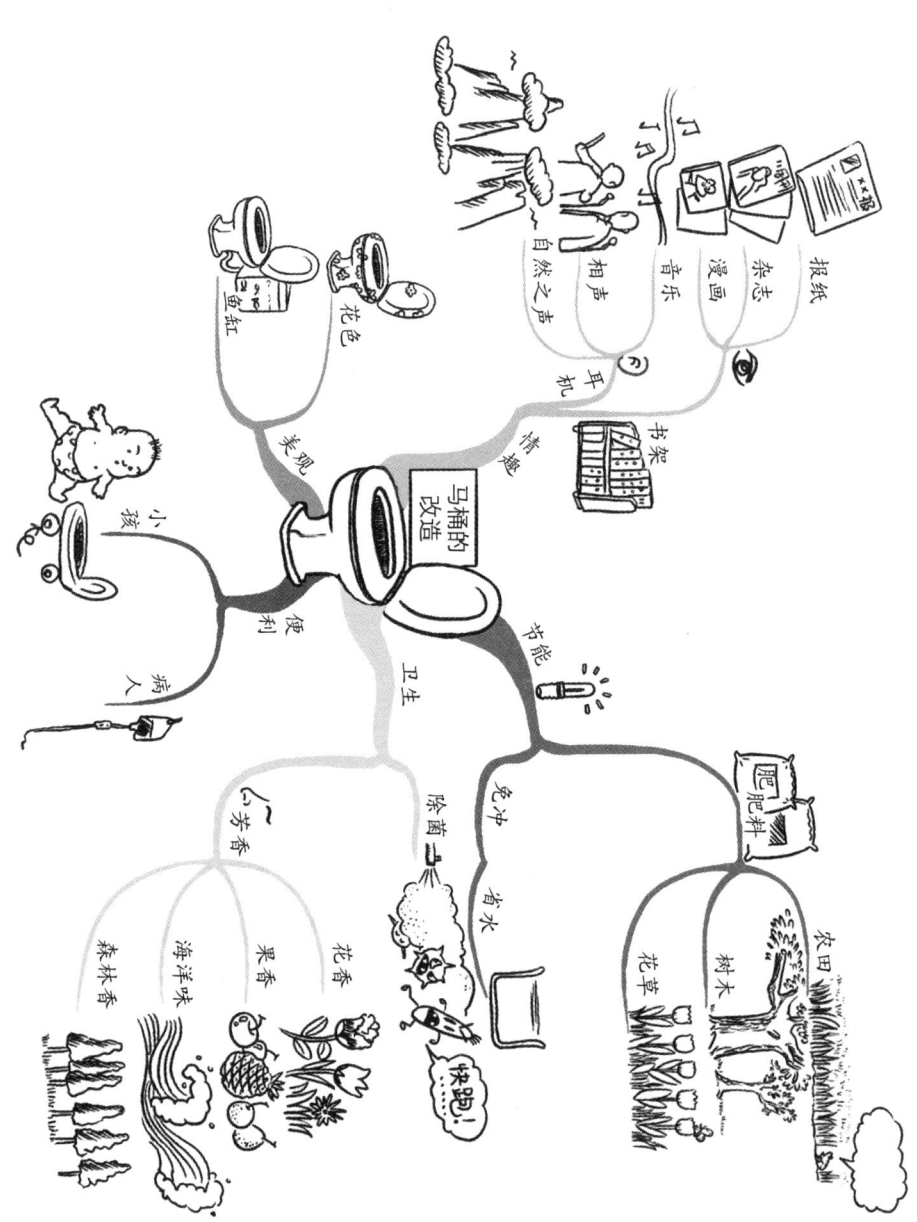

图4-2 用思维导图讨论马桶的"改造"

"领导"马上伸出大拇指:"太棒了!还有呢?"

"如果病人躺在床上就能用马桶该多好!"

"领导"听完,连忙鼓掌:"太棒了!还有呢?"

……

讨论进行得热火朝天,基本上每个员工都发了言,大家的想法更是天马行空,远远超出了活动策划人的预料。

会后,公司管理人员对此进行了讨论,认为有三种马桶可以先尝试生产并投入市场进行测试:一种是能够自行处理,并能把废物转化成小体积密封肥料的马桶;一种是带书架或耳机的马桶;还有一种是自带"大脑"的马桶,也就是我们今天在市场上常常见到的"智能马桶"。这个游戏能获得巨大成功,其中便得益于发散性思维的运用。我们可以将这个游戏很好地用思维导图展现出来,如图4-2所示。

如果说大脑是一台具备发散思维功能的联想机器,那么思维导图就是发散性思维的外部表现,因为思维导图总是从一个中心点开始向四周发散的,其中的每个词汇或者图像自身都能成为一个子中心或是联想点,整合起来就是一个以无穷无尽的分支链形式,从中心向四周发散的结构。

发散性思维是一种自然、自动的思维方式,这是人类与生俱来的思维能力,用脑越多,发散思考的能力就越强。孩子平时在"胡思乱想"时,家长不要轻易给出否定的判断,而应当多听听孩子的想法,让孩子尽可能思考得更深入一些。这是锻炼孩子大脑的宝贵机会,千万不要轻易打断。

"速射导图"开启"头脑风暴"

"创造力"其实离我们很近，它并不是一种只有"创新者""发明家"才具备的能力。创造力来自"新视角"，与"创新思维"密切相关，一个人如果能从不一样的角度，以不一样的方式思考问题，我们就可以说这个人具备一定的创造潜力。孩子在学习过程中，如果在解答完一道题时，还能想出第二种方法解题，那么这个孩子也就具备一定的创造力。同样的，一个人能在相同条件下做出比别人更高的业绩，能把平淡无奇的生活过得丰富多彩，他就是一个拥有"创造力"的人。

火热的"头脑风暴"就是培养创造力的一种好方法，而且头脑风暴与思维导图之间关系密切。从本质上来讲，头脑风暴的过程，就是在脑海中"速射导图"的过程。确定思考的中心其实就是"定主题"，由这一主题发散开来的过程就是"定顺序""理分支"。在前面的章节中，我们都是从书本与既定的知识体系中提炼内容，继而确定绘制的顺序与分支，脱离了具体内容的束缚之后，确定大致顺序的过程就是理顺思路的过程，而每理清一个分支就等于提出了一个新的可能。从一个主题理出来的分支越多，就意味着对这一主题的思考角度越广、思考程度越深。

传统意义上的"头脑风暴"一般是多人参与，通过集体智慧的碰撞不断打开思路。一个人其实也是可以"头脑风暴"的，思维导图就是值得信赖的工具。每一个想法的涌现，其实都是转瞬即逝的灵感，必须快速捕捉，此时绘制的导图，首先就要确保"快"，而不是拘泥于"美观"。因此，用思维导图思考问题时，不妨将脑子里涌现出来的想法一股脑儿写出来，甚至可以不用细究它的可行性、合理性。这个过程短则几分钟，长则数十分钟至数小时，只要有新的想法就可以随时补上。

把诸多想法从脑子里"倒出来"之后，不妨先歇口气，平复一下大脑的亢奋状态，然后逐个审视摆在纸上的观点。就像从一个大麻袋中找出自己想要的东西一样，最好的方法就是将里面的东西先倒出来，然后挑出想要的，放回或者扔掉没用的。

纸上的诸多关键词一定存在重复、交叉的情况，而且它们的层级一定不相同。没关系，通过接下来的细致整理，它们就会变得"井然有序"，比如可以将相关联的词用一种颜色的线条连起来，给重复出现的观点做上重点标记。这个过程结束后，至少能形成几个分支，会形成一些新的想法，很可能还会剩下几个无处安放的关键词。这时，一个乍看起来乱糟糟的思维导图就成型了。

接下来要做的就是再度放空大脑，不要去想与这幅导图相关的任何事情，把脑袋彻底放空，这个过程可以是1～2个小时，也可以是半天。不要觉得这种休息是在浪费时间，细水长流能让大脑持续处于最佳的思考状态。

最后，再次审视导图。这时，你也许会发现，其中的部分关键词似乎可以建立起新的逻辑关系，可能又会冒出一些新点子，之前无处安放的关键词好像也有了新的归宿……如果对思考的结果非常满意，并且你刚好又是一位标准的"处女座"，你可以重新画一幅整洁美观的导图；如果对思考的结果不是特别满意，可以再循环一次"放空—思考"的过程。

回过头来，我们可以看看思维导图对提高创造力的影响：第一，最大限度发掘某个主题的内涵；第二，不断树立观点、反驳观点，形成思辨的习惯；第三，不断固化闪现的灵感，丰富思维储备；第四，持续地优化思维、探索新思路，避免形成思维定式；第五，不断创建联系、打破联系、建立新联系，继而形成"创造性思维"。

所以，不要觉得"创造力"是一个很遥远的词语，只要方法得当，人人都能拥有。

导图无极限，创意无边界

我们每个人的创造力都是非凡的，而且都是无边界的，这一点通过思维导图就能很好地证明。无数成功的案例也说明，思维导图很适合用来培养创造力，因为绘制它的过程，本身就与想象、联想和灵活性等公认的创造素养紧密相关。

现在，我和大家一起来做一个关于"水"的发散练习，我建议看到这部分内容的读者跟我一块来绘制一幅简单的思维导图。

第一步，在横放的Ａ４白纸中心写上"水"字，或者画上"水"的形象图。

第二步，从中心引出至少5条分支并且向四周发散。我选择了水的性质、水的分类、水循环、水污染、水和人体的关系、水的饮用6个方面作为主要分支，大家也可以进一步发挥想象，增添新内容。

第三步，在每条分支的末梢处再添加2～3条小分支。

第四步，充分发挥想象力，在现有的各级分支上添加图形或关键词，确保前后内容有关联即可。

到这一步，理论上最多可以就"水"这个主题引发15种想法，这些想法都来源于与导图中心紧密相连的5条分支。大家可以把这些想法分别当成起点，再次发散出2～4个分支，这时的想法数量最多可达60种；接着再扩展下去，获得几百种新想法也不是什么难事……如果纸张可以无限大，这张导图也可以画得无限大，上面承载的想法就可以达到无限多个。

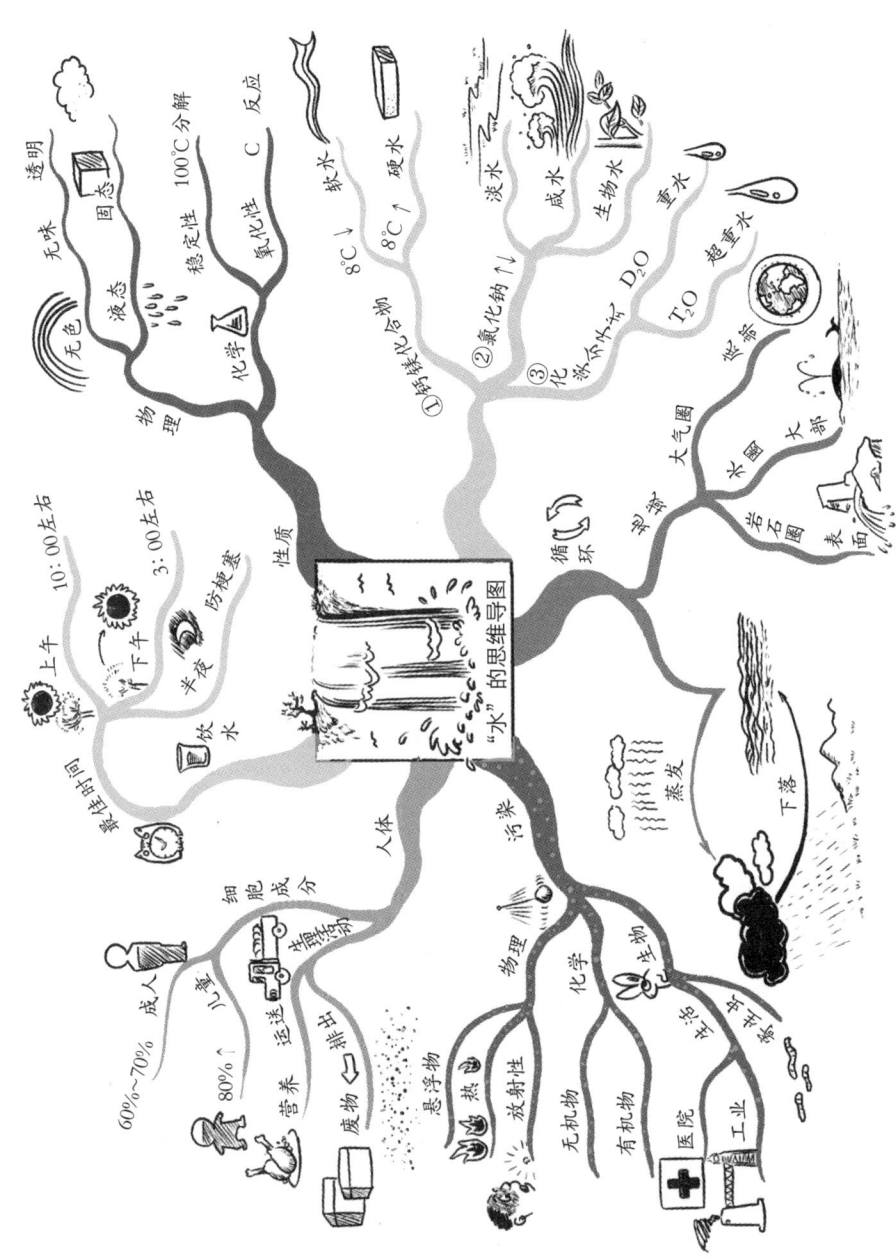

图4-3 关于"水"的思维导图

这便是思维导图的神奇之处，同时也说明我们每个人只要愿意思考，都有无限的创造力可以发掘。我建议家长平时在家，可以和孩子一块儿完成这项工作，对孩子、自己的想象力来说都是一次很好的拓展，同时还能有效增进亲子关系。

创造力是知识经济时代最有活力、最有前景、最有价值的能力，也是最体现人类生命价值与意义的智慧之力。中国教育部原副部长吴启迪说过："指南针、造纸术、印刷术和火药，中国的四大发明让我们感到自豪，但在接下来的几个世纪里，我们没有保持发明的步伐。四大发明充分证明了中国人的能力，我们需要回到那样的状态。"

无论是从国家进步、民族发展的大局，还是从个人发展需要、创造社会价值的角度来看，激活创新能力的意义都非常重大。我也衷心希望借助思维导图，能让大家的创造力得到有效提升。

学习感悟

第十章　轻松开启记忆大门

记忆力是人类与生俱来的一种能力，无须特别训练，人人都可具备；记忆力也像身体的其他机能一样，如果不加以锻炼，就会随着年龄的增长而逐步衰弱。思维导图能够充分利用大脑机能提升记忆效果，增强记忆力，继而提升工作、学习能力。这早已在近3亿使用者的身上得到了验证。我希望这本书就是一个契机，能让更多人的命运因使用思维导图而改变。

形象思维：辅助记忆的神器

托尼·巴赞先生的思维导图在50多年的时间里，帮助全世界千百万使用者解决了记忆的难题；我在20余年的教育工作中，通过思维导图，也让数千名学生在短期内复习完了海量的资料，其中有很多人在多类考试中取得了优异的成绩。

为什么思维导图能如此显著地提高记忆力？在回答这个问题之前，我先讲一点看似不相关的事情。

很多家长总跟我反馈，说孩子的记性特别差，具体表现为：课文背不下，单词记不住，公式永远像新学的那样陌生，一个错别字的生命力可以长达一两个学期……有时说着说着，家长的火气就"噌噌噌"地往上冒，一股名叫"恨铁不成钢"的怒火烧得家长牙齿咯咯响。

在我的印象中，我只接待过两名"记忆力先天不足"的学生，我给出的意见是去医院遵医嘱，康复后，再用思维导图进行辅助练习。这两名学生中，有一名学生的家长事后给我进行了反馈，她的孩子高考考了537分，最后去了湖南的湘潭大学；另一名学生因为没有收到后续反馈，不知道情况最终如何。其他的孩子，无一例外，记忆力都非常好。

现在的孩子都喜欢玩游戏，男孩偏爱竞技格斗、打怪升级之类的，女孩偏爱养成之类的。他们都对里面角色的属性、装备的名称、比赛的打法、道具的获得途径……种种信息如数家珍。不少孩子喜欢听外文歌曲，很多孩子可能不知道这些歌词的含义，但他们却能记住这些句子的发音。一些外国球星、俱乐部、联赛、品牌的名字特别拗口，很多孩子不仅能全部记下，甚至还能倒背如流。

跟孩子聊这些话题的时候，基本上都是我率先终止话题，因为没有多少我能插话的空间。记忆力差的孩子能做到这一步吗？可"该记的没记住，不该记的记一堆"，这种现象又确实存在，这是为什么呢？我认为还是兴趣使然。人对一样东西感兴趣、关心、在意时，可能一次就记住了；再不济，也会有源源不断的动力去支持他们反复记忆，直到记住为止。

当然，我不敢打包票，说思维导图一定能改变学生对某一学科的态度，让他们从此走上不偏科的道路，但我能肯定的是，学会画思维导图的孩子，他们的专注力会明显增强，不至于轻易分心。在专注完成思维导图的创作过程中，他们对笔下内容的记忆便得到了增强。为什么孩子不愿看书，却愿意认真地画思维导图呢？因为相比传统的学习方式，画思维导图的确是一件充满乐趣的事情，至少它不那么让人"生厌"，它本身是一种"涂涂写写"，我们无聊时不也喜欢"涂涂写写"吗？这种不"反人类"的方法，自然更容易被人接受。

再举一个例子。我们在看完一本书后，经常记不起书上的内容，但可能对某个标题、某幅图片、某张表格在书中的位置有比较深的印象，我们甚至可以准确地说出，它位于书的左上方还是右下方；但如果是排得较密且没有图画的书，要凭空回忆起书中的某些内容就非常困难，这是为什么呢？因为前者给大脑带来了不一样的刺激，并且其本身具有较大的想象空间，有更大的概率唤醒记忆；后者则以线性信息为主，时间一长，大脑很容易疲劳，看过的信息就像河里流过的水一样，留不下什么痕迹。用思维导图来辅助记忆，恰好迎合了上述的特性。

思维导图不是线性信息，而是一种形状多样的图形。整齐划一的东西看着舒服，但却难以区分，与众不同的东西更容易让人印象深刻。打个比方说，假设碗里有20个速冻饺子，你盯着看一天，也未必能将它们一一区分；教室里的20个学生，你跟他们相处一天，连他们的个性都能摸得清清楚楚。类似的，你可能更倾向记下20张风格各异的图画，也不愿意背诵20段豆腐块一样的文字，因为前者听起来显然更有趣、更容易一些。

思维导图的中心点锁定了核心信息，几大分支明确了思路和方向，而且有几个分支，就表明有几个关键点。因此记住了大致的图形，就记住了基本框架。

我提倡初学者在绘制导图时使用多种颜色，为的就是利用颜色来刺激大脑，让大脑更好地将信息归类。同时，适当使用图形代替文字来表意，也是为了形成新的记忆信息，以便更好地将记忆的内容复原。

导图本身不能帮人记忆，它只是一种归纳整理的手段。就好比面膜能美容，但你得往脸上敷；梅子能止渴，但光看着是不行的，得往嘴里送。"望梅止渴"毕竟只是在善良地欺骗自己。思维导图能增强记忆力，但前提是先要下功夫学会，并且愿意花时间实践。

和画思维导图一样，记思维导图也有一套"看了就能会"的步骤，内容如下。

第一，记住核心词，明确整体的信息范围。

第二，记住大分支上的关键词，明确总体框架。

第三，按照绘制的顺序，从1点钟方向开始，遵照从大类到小类的顺序记忆。

第四，对照记忆内容，还原思维导图（即快速重画一张），然后和底图比较，标注记忆的薄弱点，有针对性地攻克。

第五，经常浏览，经常在脑海中"想象画图"，加强对信息的梳理，继而形成深刻的，且前后联系紧密的记忆内容。

最后我要给大家一则非常重要的温馨提示：如果你是一位重度"懒癌"患者，且还没有进行自我"抢救"的话，建议先"自救"，再使用。

像收纳物品一样整理知识

在日常生活中，但凡经历过的事情、体验过的情感、思考过的问题等，都会在大脑中留下痕迹。这些痕迹在日后一定的条件下，就可能被"激活"，让人们重新回想起当时的情境。

假如，某天有人问你，你能认得回家的路线吗？你或许会反驳道："一只小狗都认得回家的路，难道我会不认得吗？"

倘若又有人问你，如果给你足够的时间，你能把《木兰辞》的全文背下来吗？你可能会回答说："没问题，就是时间会长一点。"

如果以上两个问题你都给予了肯定的回答，那就表示你认可"每个人都可以记住任何想要记住的东西"这一说法。从理论与实践上来说，这是一定能做到的，只有当人们的脑海中容纳了大量记忆信息时，才会出现"部分遗忘"的情况。其实，遗忘是记忆过程中再常见不过的事情了，它是一种正常现象，即便是记忆天才也会遗忘。没有遗忘，也就无所谓记忆。

在认识遗忘之前，我们应对记忆有个大致的了解。记忆是大脑对经历过的事情所做的反映。按照记忆发生和保持的时间长短，一般可以分为即时记忆、短时记忆、长时记忆三类。

1. 即时记忆

即时记忆又称瞬间记忆，多数人通常都不会特别注意它。

即时记忆经常被应用于生活中。我们有时需要临时记忆一个7位或8位数的电话号码，以防忘记，我们可能会在嘴里复述几遍，但只要事情一完成，这个号码就会被我们遗忘。看书时，我们对每个字的记忆也只维持到能与下一个字的意思连贯起来为止，在整个阅读过程中，我们并不见得能记住多少具体的文字信息。比如，我现在问你："我"这个字在这段话中出现了多少次？我相信如果不返回去数，即便你采用的是我最不推荐的逐字阅读方式，也没有人能回答出这个问题，但这不能说明你阅读不认真。

走路时，我们会看到形形色色的路人、奔驰而过的汽车、风格各异的商店、种类繁多的植物花草，并且听到各种各样的声音，这些信息都会作为瞬时记忆进入脑海。只要不是特别引人注目，或者是我们本身特别关注的事物，大脑很快就会把它们忘记。因为即便是记住了这些事情，也没有太多实际意义。

"看过就忘"便是即时记忆的最大特性。

2. 短时记忆

相对于即时记忆而言，短时记忆的时间显然要长一些，而且它们会被大脑有意识地暂存，并为成为长期记忆做好准备。考试前，特别是文科类的考试，很多孩子都会选择"突击复习"，用半天到一天的时间抢记一些简答题、背诵题、填空题的答案。这种做法利用的就是短时记忆。另外，像临时准备第二天的演讲、报告、讲座等需要脱稿的内容，也属于短时记忆。

如果没有后期的反复理解与记忆，短时记忆的内容也将逐渐被大脑遗忘，腾出来的空间将会用来接纳新的短时记忆信息。

3. 长时记忆

长时记忆与短时记忆不只有时间上的差别，还有信息容量的差别。存放长时记忆的空间就如同一个巨大的仓库，信息的归类越有条理，找到对应的信息就越容易。就像我们去图书馆查资料一样，通过对应的书目检索系统，很快就能找到自己想要的书在什么位置。我们把信息储存到大脑中也是类似的过程，因此我们也需要为存入的信息建立"检索系统"，以便于随时、快速、方便地取用信息。

不少人都有这种困惑——一天或一周前刚刚学完的内容已经变得非常模糊了。人们习惯将这一问题归结为"学习不用心"，其实不然，出现这种问题的主要原因是没有系统地把所学的东西加以组织，再输入大脑中。"组织信息远比取出信息重要"，这是保持良好记忆能力的前提。如果能坚持这样做，提高记忆力就是一件比较容易的事情了。用思维导图编入大脑中的信息本身自成体系、前后连贯，而且因为充分运用了图像、色彩等形式，大大降低了大脑检索信息的难度，所以我一直推荐大家用思维导图学习、工作、生活。

对记忆有所认识以后，我们再来聊遗忘的问题。一般说来，无法回忆起识记过的事物，就可以称之为"暂时遗忘"；如果无法回忆起某样事物，看到这一事物时甚至还有陌生感，就可以称之为"完全遗忘"。

我们能记住某些事物，就是因为事物与记忆之间形成了某种连接，一旦这种连接淡化、消失，就会影响记忆。一般说来，接触的次数越多，这种连接就越稳固；时间过得越久，这种连接就越脆弱。

德国心理学家艾宾浩斯认真研究了其中的规律，继而提出了著名的"艾宾浩斯遗忘原理"，绘制了"艾宾浩斯遗忘曲线"。这一曲线总结了遗忘的一般规律：人们在记忆材料20分钟后，遗忘率会达到42%；1

小时后，遗忘率将上升至56%；9小时后，遗忘率会进一步上升至64%。由此可见，刚刚记忆的内容最容易遗忘；时间越久，遗忘的速度反而越来越慢。掌握了这个规律，我们便可以在记忆的过程中采取相应的对策，赶在遗忘之前适当加以复习。

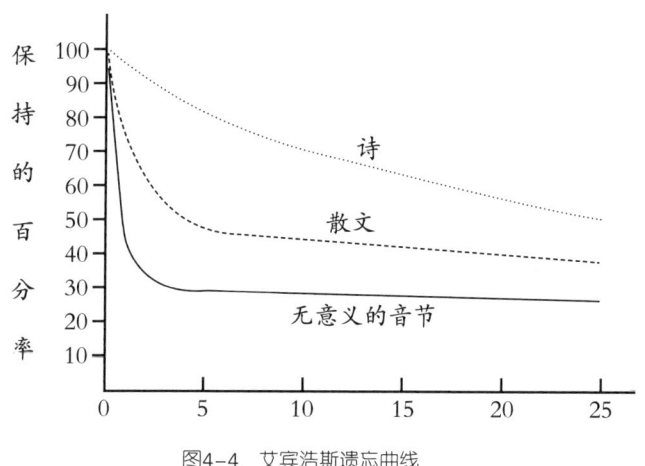

图4-4 艾宾浩斯遗忘曲线

在不同阶段复习已经学过的知识会产生截然不同的效果。如果抢在遗忘高峰前复习，就能达到强化记忆、加深印象的效果；如果在遗忘高峰后复习，那么这种复习就跟重新学习没什么差别，是对时间的巨大浪费。许多孩子学了忘，忘了学，再学再忘，再忘再学……陷入了"总是学不好"的怪圈，厌学心理也就慢慢产生了。

实践证明，遵循"艾宾浩斯遗忘原理"进行复习和记忆，耗时将会是最少的。有人或许会说"有些东西很特别，我看过一次就永远记住了"，这是不是说明艾宾浩斯的原理不正确？其实不然，这是因为记忆的效果会因人、因事、因环境而产生差异，有的人甚至可以达到过目不忘的状态。但这些现象不具有普遍性，我们只探寻最一般的规律。

思维导图记忆法作为一种全新的记忆技巧，弥补了遗忘带给人类的种种缺陷，但这并不说明思维导图看一遍就够了，它同样需要遵循记忆的科学规律。只有不断反复、不断理解、不断实践，这些记忆才能深深地留在脑海中，随时为我们取用。

找回"丢失"的记忆

记忆力时时刻刻都在与人们的生活、学习、工作发生紧密联系。失去了记忆，人就很难在社会上生存。

自古希腊以来，就有一些不可思议的记忆技巧流传下来。这些技巧的使用者能以顺序、倒序或者任意次序记住成百上千件事物，甚至能够完整地记住某一领域的大部分知识。后来的人们将这种特殊的记忆规则称为"记忆术"；流传下来的那些神奇方法，则可以视为一把把开启记忆潜能的"金钥匙"。

实际上，记忆是大脑本来就具有的能力。有关研究表明，只要训练得当，每个人都能获得远超现在的记忆力。人类大脑记忆的潜力非常大，可以容纳约5亿本书的信息量，但受到时间、精力、方法、认知水平等的制约，人们并没有充分发掘出其中的潜能。托尼·巴赞先生注意到了这一点，他发明的思维导图，最早就是作为一种记忆技巧出现的，他希望能借助图形与色彩的力量提升记忆的效果。

记忆的过程其实很好理解，相当于我们把自己想要的信息存入了大脑中，等需要使用时再取出来。一个人的记忆力越好，存取的过程就越快、越轻松。然而由于我们接收的信息非常多，有时会出现存进去的信息取不出来，甚至"丢失"的情况。比如，突然想不起一个人的名字，忘记把某样东西放在哪儿，对某道题有印象但就是做不出来，等等。这就是我们通常所说的"忘记"。

思维导图一个特别有效的作用就是寻找这些"丢失"的记忆，这是

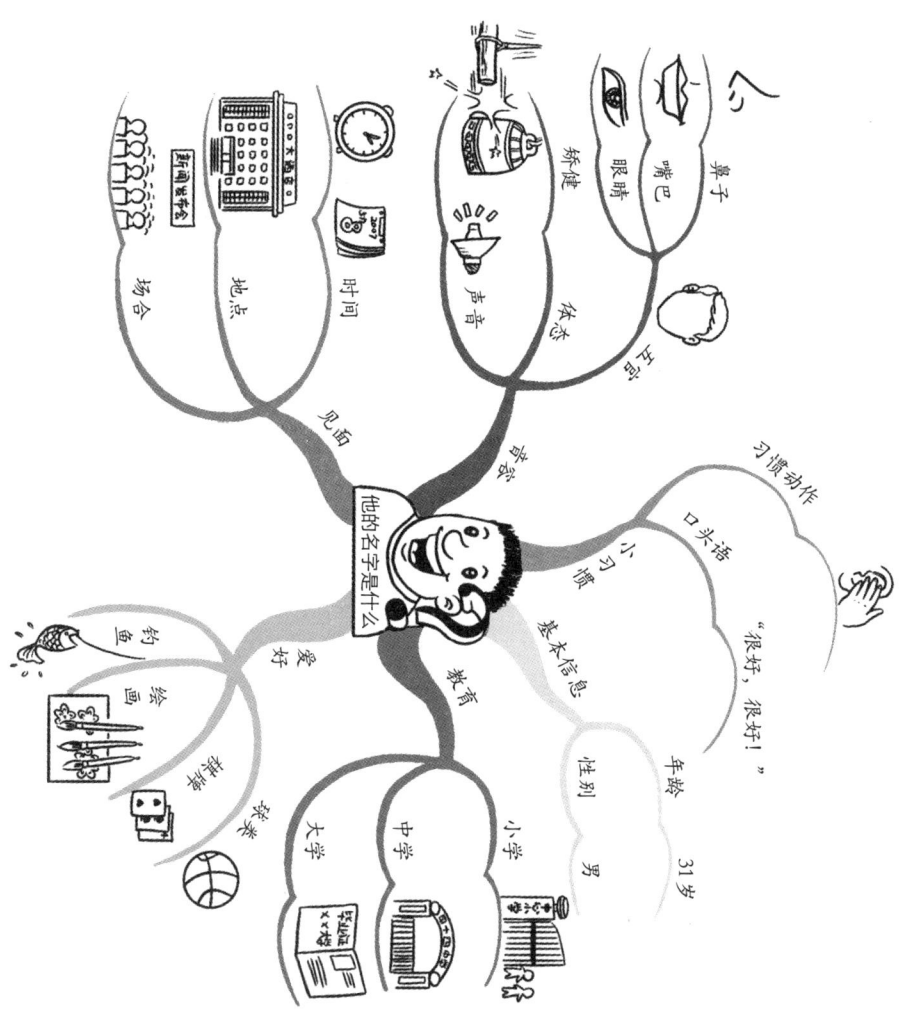

图4-5 寻找"丢失"的名字

由思维导图本身的树状结构和工作原理决定的。导图上的任意部分都不是孤立存在的，它与前后的内容都有紧密联系。提及前面就能够联想后面，得知后面可以倒推前面。这便是思维导图寻找"丢失"记忆的原理，我们也可以称之为"有效回忆"。

比如，我们忘记了某个人的名字，那么我们不妨就把这个问号放在导图的中央，然后尝试着从性别、年龄、爱好、特长、外貌、声音、学校或职业、与对方见面的时间和地点等多个方面进行回忆。在罗列与补充的过程中，大脑会不断检索与这个人有关的信息，回忆起这个名字的成功率也就大大提高了。

受此启发，我们也可以用这种方式寻找一切"丢失"的记忆，而且有了这样一次生动的寻找经历，以后再想要忘记，恐怕都是一件非常困难的事情。

当然，这里要说明一点。要"找回"的记忆，必须是曾经记住过的内容。如果最开始就没有记住，说明并没有在大脑中留下印象，在这种情况下是"找不回"任何东西的，唯一的选择就是重新记忆。

学习感悟

第十一章　带着导图去工作

我给很多企业的员工做过培训，发现一些员工关心的问题非常现实，即怎样多赚钱。我认为，工作上的"多赚钱"和考试时的"多拿分"不同。学习是有范围的，但工作没有，任何事情的解决，最终都以结果导向为标准。没有成果，就不会被人认可。因此，要在工作岗位中脱颖而出，除了要具备过硬的专业知识，持续创造可观的业绩，还要懂得自我分析，善用长处解决问题；要懂得统筹优化，分清轻重缓急；要学会及时充电，持续保持竞争力；还要懂决策、敢决策，不能做到利益最大化，也要做到损失最小化。以上，统称为"工作能力"。

了解自己才能有效工作

思维导图在生活的各个方面中都有较为广泛的运用，如在自我分析，深入了解自己的需求、欲望、中长期目标等方面就具有很实际的意义。

画图时，可以在A4白纸的中央写上"自我分析"的主题，也可以用一个图像表示自己，然后由这个中心图像向四周发散。整个分析过程可以参考的属性有性格、爱好、长处、短处、理想、兴趣、家庭背景、交际圈、朋友圈……导图中还可以增加一些个性化的内容，如长期或短期目标、上大学最想做的事情、现在的苦恼、最尊重的人、需要为父母做什么等。列出这些属性的同时，也可以评价该属性，如在性格后面标上

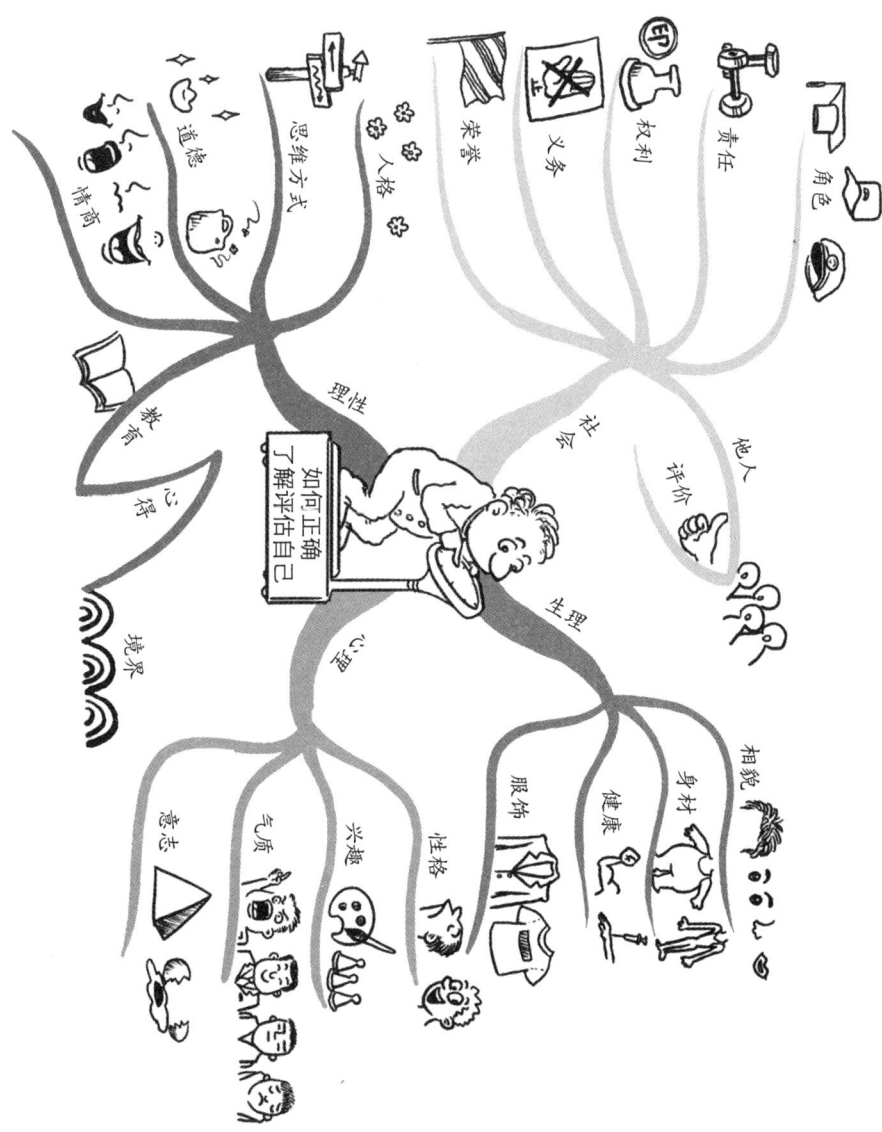

图4-6 如何正确了解评估自己

"开朗"等。

画图时，不要过于注重纸面的整洁度，最好采用速射的方式画图，这样能最真实地记录内心对自己的看法。在得出明确的分析之后，就要根据自身实际情况做出决定，扬长避短，制订详细的方案，并且付诸行动。

一幅好的自我分析导图，能非常直观地理清生活和学习的重点，能让人更为准确、客观地认识自己。在学习、工作、生活中，这都是一件非常重要的事情。当然，思维导图能用来分析自我，也可以用来分析他人；能用来审视自身的素质状况，自然就可以用来分析工作、事件等。

总之，在思维导图呈现的思维世界里，很多抽象、暗含的问题都会变得非常直观，能帮助我们更精准地解决问题，获取生活的平衡。

画一张"轻重缓急"的清单

培根说过："选择时间就等于节省时间，而不合乎时宜的举动则等于乱打空气。"缺乏合理有序的工作秩序，做起事来必定像无头苍蝇一样乱撞，高效工作也就成了不可能的事。

目前，我们和能教育集团已经在紧锣密鼓地筹备上市工作了，均摊到公司每个人身上的工作量显然大了许多。最忙碌的时候，我几乎天天早上5点多就要起床，讲课、写稿、录电视或电台的节目、开会……外加工作之外的琐事，有时能忙到凌晨一两点，然后第二天继续。高密度的工作安排尤其要讲究工作的效率，因为一旦一个环节出了差错，后面所有的工作计划可能都会受到影响。

忙碌是工作的常态，很多人都忙，而且我相信有不少人比我更忙。到企业给员工培训时，有员工找我倾诉，说有时工作很闲，有时工作扎堆。跑市场、开公司大会、客户跟踪、写年度报告……这些事情突然出现在一天的工作当中，乱了秩序，就只能忙到死，而且活不仅干不完，也干不好。

高效工作，从某种意义上说，就是换一种思维方式。工作安排合理，即便紧张，也依然有序。工作安排是否有序，我认为主要体现在对时间的支配上。

正确支配时间，就是优先做好紧急且重要的事情。每个人面临的"紧急且重要的事"都不相同，这取决于每个人的工作性质和位置。只有了解了工作的全貌，从全局着眼观察工作，才不会一头陷入杂乱的事务之中；明确了工作目的，才能正确掂量每件工作的轻重，弄清工作的主要目标，防止出现眉毛胡子一把抓，耗费了时间又办不好事情的情况；明确了责任与权限范围，才能从工作中的互相扯皮和打乱仗现象中抽离出来。

我建议用思维导图自制一张"任务清单"，其内容主要分为三个部分：任务分类、任务安排、任务总结。一些外企、大型私企会要求员工填写工作清单，填写工作计划与当日计划的落实情况，这也是管理员工的一种方式。

我认为，用思维导图绘制的清单比企业规定填写的任务清单更管用，因为如果员工愿意自制清单，就已经表明了他对工作持有积极主动的态度，而公司要求填写清单则很容易让员工产生抵触情绪。

一般说来，任务清单可以包括4个类别：紧急且重要的工作、紧急但不重要的工作、重要但不紧急的工作、既不重要又不紧急的工作。完成了这样的分类之后，无须多言，每个人都会自觉地优先处理"紧急且重要"的工作。

每天自制一张任务清单花不了几分钟时间，但却能让每天的工作内容井井有条地展现出来；月度、季度、年度总结时，也有了最直观、鲜活的资料，不用绞尽脑汁回忆，哪些方面做得好、哪些方面有待提升，都一目了然。

也有员工跟我反馈说，思维导图并不像我说的那样好用。我具体询问了一下不好用的原因，大致如下：事情少的时候，觉得画不画都行，所以不画，这样更节约时间；事情一多想起思维导图可以安排工作，但因为平时没画过，怎么画也画不好，反而浪费了原本就有限的时间。

我还是那句话，功夫不负有心人。方法本身不神奇，落实才能创造神奇。

理性决策，破除"选择困难症"

"决策"这个词很好理解，就是做出决定或者进行选择。选择在我们的生活中无处不在，比如ABCD四个选项要选哪一个，不知道答案时，凭着感觉选C也可以；再如中午去大舅家还是二舅家吃饭，去谁家的公交车先来就上谁家；又如抛个硬币决定晚上要不要去健身房挥汗如雨，侧面挨地就去健身房，正反面挨地就在家窝着……做个决定似乎不是那么难。

但在工作当中就不一样了，特别是对身居要职的领导者来说，一个选择也许会关系到事业的成败、企业的发展，乃至千万人的切身利益。今年公司要不要上市，不能说"凭感觉"；张家庄、李家屯的地哪个先开发，不能说抓个阄看看；明年的发展计划是趋向拓展还是巩固，找王五、赵六拿意见都不太合适。因此，领导者是一定要会做决策的，否则就很可能会被其他人顶替。

做决策，听起来应该是一件很简单的事情。"想不想做？""想！"一个决策做完了；"要不要做？""不要！"又一个决策做完了。但更多的时候，我们表现出来的是另外一种情况："愿不愿意？""……我不知道，我再想想吧。""为什么？""因为情况太复杂……"

这个时候，思维导图就可以好好地上场表演一下了。决策为什么难做？是因为理不清头绪，怕顾此失彼。而思维导图最擅长的，就是把复杂的问题简单化，把抽象的问题具体化。

比如，我们可以假设这样一个场景——要不要搬公司。搬有搬的好处，不搬有不搬的好处，乍听起来，似乎是一个很难回答的问题。我们试着用思维导图来解决一下这个问题。

第一步，将一张白纸横放，在正中心写上"要不要搬公司"。

第二步，就搬办公室可能产生的影响来画分支，如搬家成本、耗费时间、对员工的影响、对客户的影响、对企业形象的影响、对未来发展的影响等，然后依次写在主分支上。

第三步，就每一个分支的具体问题进一步深挖，越详细越好。

第四步，就每一个分支的单项进行评估，并且给出一个权衡过后的分数。分数越高，代表采取这项决定的好处越大。

第五步，将各项分数相加，结果一目了然。

通过图4-7的思维导图不难发现，困惑我们的大问题，可以被化解成一个个具体的小问题，小到我们看一眼，就能做出"好或坏""可行或不可行"的决断。如此一来，做出最终的决策就相对容易得多。

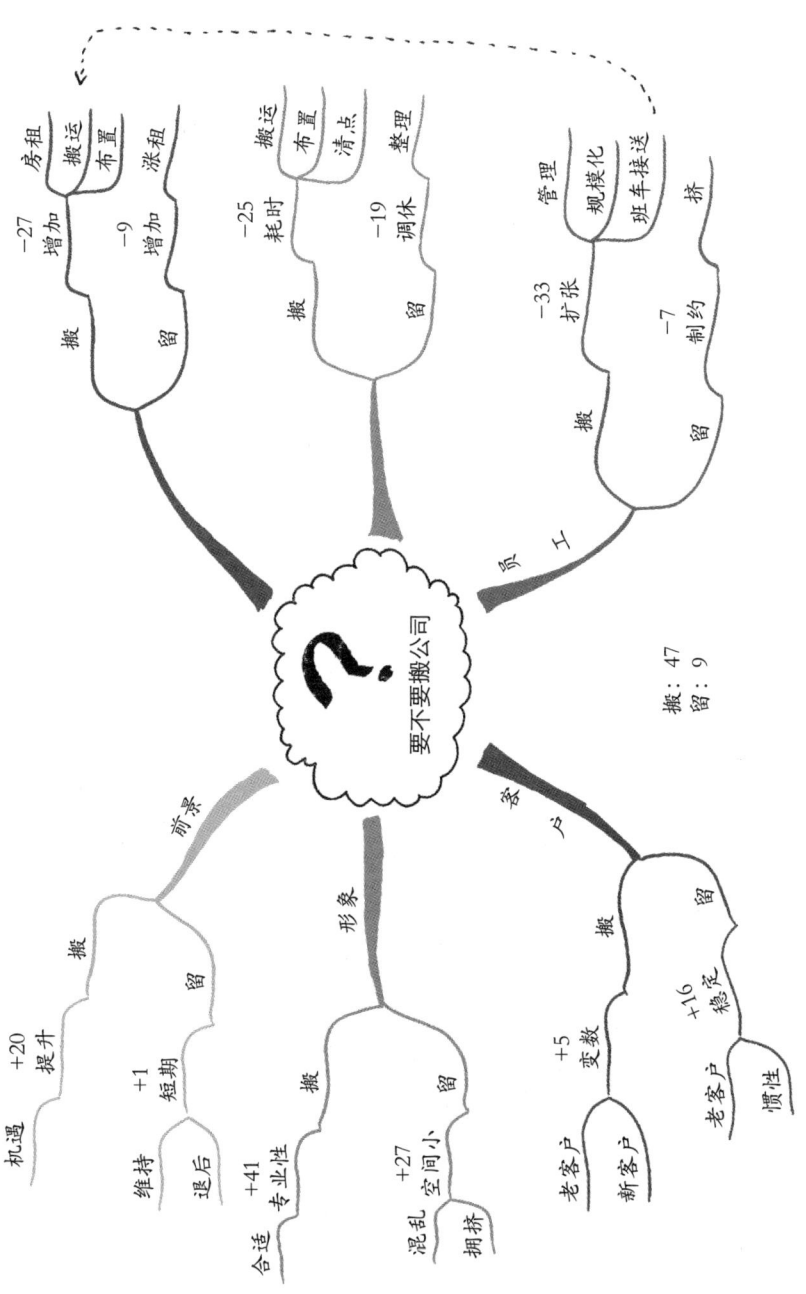

图4-7　要不要搬公司

学 习 感 悟

第十二章　导图让生活更简单

除了本书前面提到的内容，思维导图可以一展拳脚的领域还有很多，我再简要地讲讲如何利用思维导图让日常生活变得"简单快捷"。

完善日常计划，提升生活品质

计划是一件可大可小的事情，小到一个人一天上午的日程计划，如几点起床，早餐吃什么，要坐什么车，打算买什么菜；大到一个国家的五年计划，如五年内国民收入提升多少，高铁再通几千公里，等等。然而不管计划大小，思维导图通通能将其囊括。这是因为做计划的思路，其实与做思维导图的思路"不谋而合"，都要考虑先做什么，再做什么。

比如，去菜市场买菜，会先总体考虑一下要买的大类，如荤菜、素菜、水果、调料等；然后再逐步考虑荤菜可能要买肉、鱼、海鲜，素菜可能要买蔬菜、菌类、豆制品，水果可能要买西瓜、苹果，调料可能要买酱油、盐、味精；个别类目还可以继续细分，如肉里面还可以细分为鸡肉、羊肉、牛肉等。按照这种先定大类，再定小类的思路，很快就能把需要购买的品种列齐，而且在购买的过程中，也能很快核对出有没有遗漏。

画思维导图其实也是这样的。如果一个人平时在买菜等小事上就习惯这样有序思考，我相信他也一定能将生活安排得井井有条，而且学习思维导图也一定属于无师自通的那一类。

我对一位家长印象非常深刻,之前她带着孩子来我这儿辅导功课,后来有一次,她一个人就过来了,我不禁好奇孩子怎么没过来。她对我说:"崔老师,我想单独上一次思维导图课。孩子用思维导图学习,效果不错,学习的主动性、条理性都有了很大的改观。我也想试试看,思维导图能不能帮我解决问题。"

经过简单的询问后我了解到,原来这位母亲是一位全职太太,白天在家要照顾两位老人,晚上孩子放学还要辅导他们的学习。她非常希望自己能将家庭打理好,但却总不能如意,一直处于混乱之中,因此她把希望寄托在了思维导图上。

听完之后,我很为这位家长自立自强、严于律己的精神感动。我告诉她,处理生活上的琐事最为辛苦,她有这个意愿解决问题,就已经比其他人先成功了半步。思维导图的特点是能将繁杂、无序的事物条理化。使用思维导图即便一天事务繁多,也能有条不紊地处理。但不管使用哪种方法,最重要的前提是保持乐观的心态,同时相信自己一定能够做好。

用思维导图规划生活其实没有一成不变的规定,主要还是明确生活的目标。思维导图只能帮人分析问题,不能帮人减轻负担。事情多的日子,把需要处理的事情,按重要程度分列在纸上;事情相对较少的日子,可以额外列一些学习、休闲、娱乐的计划。但不管在哪种模式下,都要留出足够的空间以应对突发事件。

辅导结束之后,这位家长回到了家中。两个月之后,她给我发来了感谢的消息,说每天的事情虽然还是那么多,但她的心态变好了,做起事来很轻松,心烦意乱的情况较之前有了极大的改善。她几乎每天都坚持完成,每天都把画好的图张贴在客厅的"展示区"。起初,这位母亲只是把她认为重要的一些事列在一张纸上,然后拿出另一张纸,将每天或每周要做的事情画成思维导图。随着时间的推移,她的这项举动引起了家人的注意,大家就参与到了她的计划之中,后来甚至还会给她提出

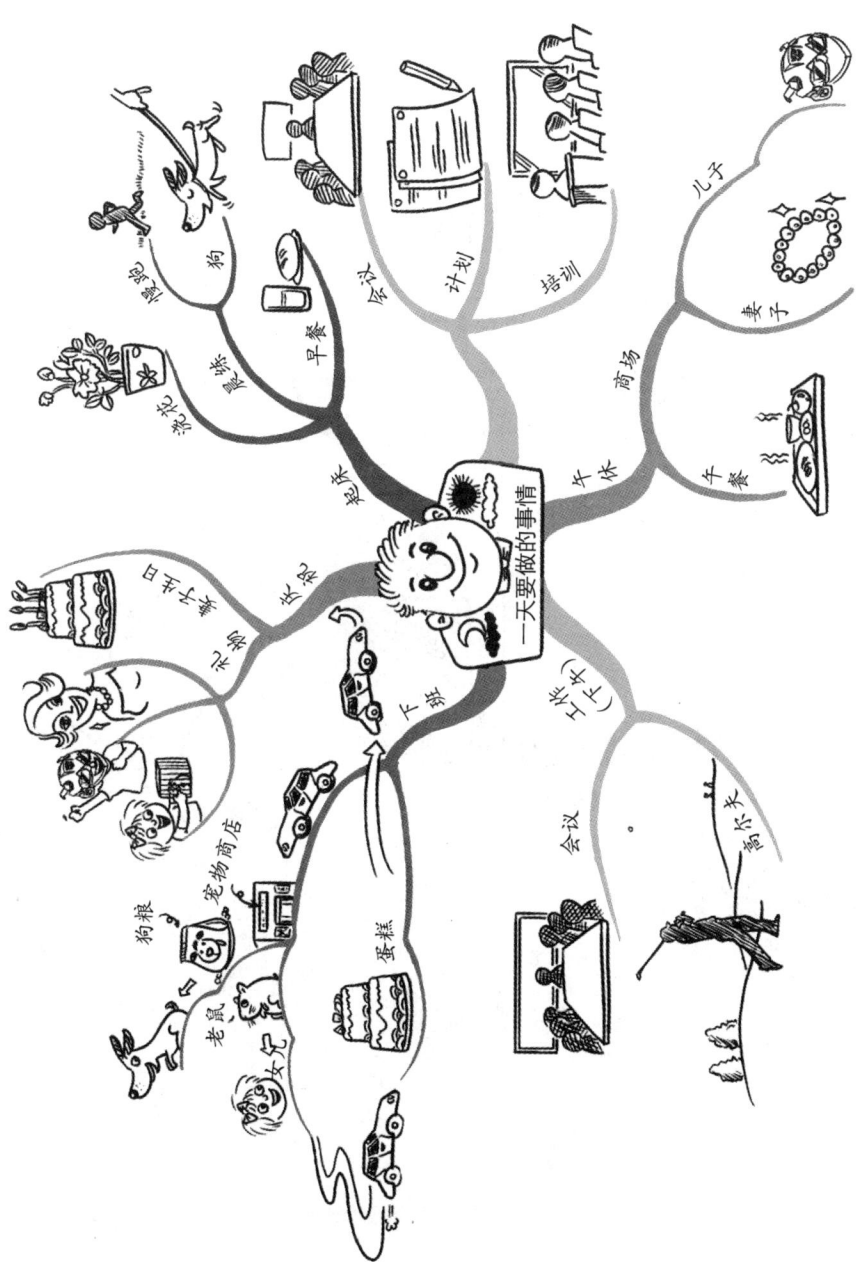

图4-8 用思维导图做日常计划

听 崔宇讲思维导图

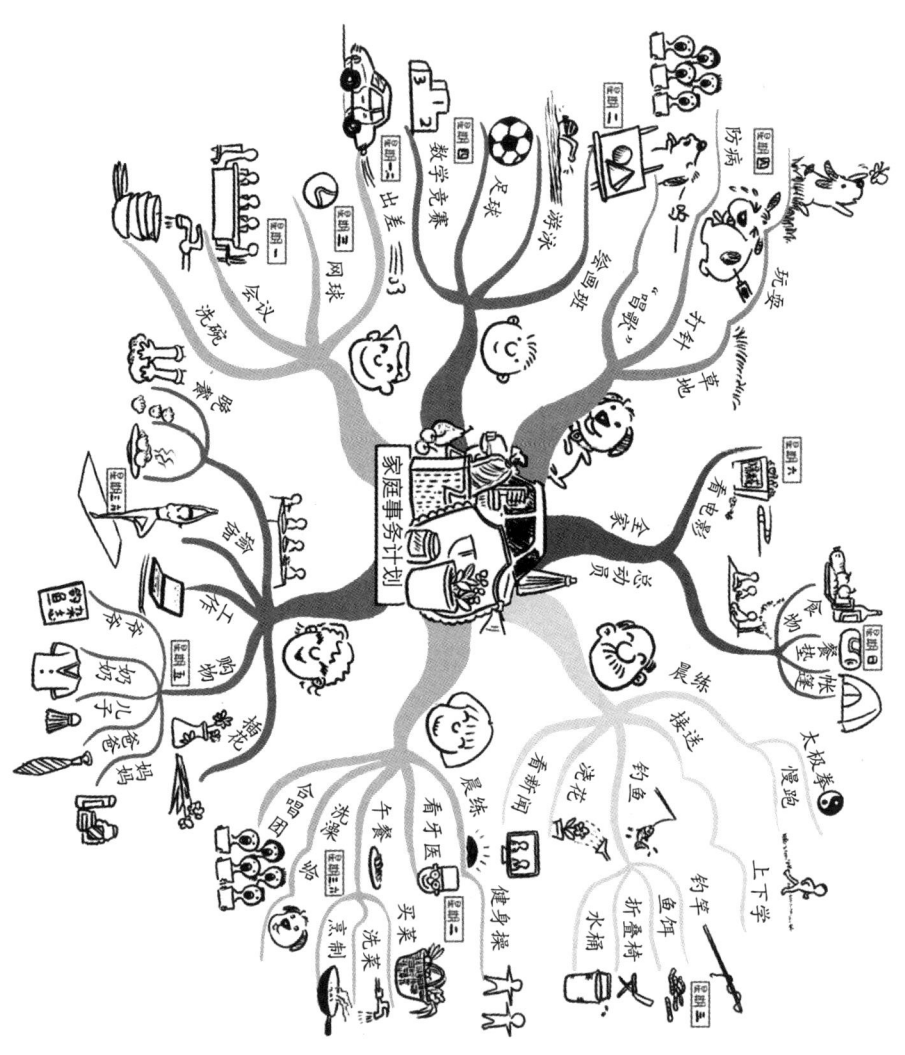

图4-9 家庭事务计划

建议，与她一同绘制思维导图。这样一来，全家人想要做什么，她需要做哪些准备，哪些事情需要一家人配合完成，全都一目了然，整个家庭事务的运转效率都得到了极大提升。

类似的例子我还可以举出很多，但重点其实不在这。我希望读到这段文字的读者，能够真正拿出一张纸，拿出至少一支笔，亲自动手画一画，将思维导图真正用起来。好的东西需要传扬，但最好的传扬并不是我对它的赞美之词，而是大家的动手实践与再推荐。只要真正掌握了思维导图的真谛，我相信没人会拒绝这一智慧的结晶。

让脱稿演讲轻松自如

演讲是一次很好的思维锻炼机会，但在绝大多数情况下，大家都将它演绎成了单纯的"记忆力比赛"；也因为大家都这么做，所以也没人觉得有什么不对。

我经常见到一些孩子，为了参加校园的演讲比赛，起早贪黑地背稿子，背累了就打一会儿瞌睡，从小学到大学，几乎都是如法炮制；我也听过不少报告演讲，不少演讲人非常认真，拿着起草好的稿子从头到尾声情并茂地朗读，哪怕中间掉了一页纸也浑然不知；我还有幸作为嘉宾参加过几家企业的总结报告会，期间，台上、台下的人都在忙自己的事情，演讲完毕后，却一定会有热烈的掌声表示"台上的人讲得好，台下的人听得很认真"。我还经历了一次演讲事故，因幻灯片损坏无法继续播放，主讲人无法继续演讲，刚好现场的备份资料又不充足，最后活动结束时间比预计的提前了半个多小时。如果大家都能轻松自如地脱稿演讲，那么上述的情况就不会发生。

演讲是一件需要事前花费时间和精力的事情，但绝大多数时候，大家都害怕演讲，并且对演讲等事情有偏见。我觉得，大家下次不妨试试用思维导图来准备演讲，只要保持思路清晰，我相信演讲对许多人来说都不会是一件难事。

第一，将演讲的主题写在A4纸的正中央。

第二，另外准备一张草稿纸，把脑海里闪现过的，且与主题相关的各种想法都罗列下来。这一步是为了让呈现的导图美观，以便减少演讲时的干扰因素。建议初学者不要跳过该步骤。

第三，对草稿纸上的内容大致分类，理清主次关系后，在思维导图的A4纸上画好主干与分支，并填入对应的关键词。

第四，对思维导图进行一次整理，包括：优化关键词，以尽可能少的符号表达尽可能多的内容；明确各部分之间的关联词，让起承转合更为自然。如果要在演讲中插入其他的辅助素材进行说明，可以在思维导图上简要标注。

第五，按照演讲的思路顺一遍导图，查漏补缺，看看哪些方面发挥的空间比较大，哪些方面是相对的弱项，有针对性地下功夫；同时，顺便看看各个部分的耗时情况，做到心中有数。

辅助写作：从答题到写书

用思维导图来制定写作框架，与前面的准备演讲其实是相通的。《听崔宇讲思维导图》这本书其实就是由两张"思维导图"的图纸孵化而成的，如果我的字能写得再小一点儿，说不定一张A4的白纸就够了。由此也可以看出思维导图的张力有多大。

凭空想出一本书的框架，这可不是一件容易的事儿，因为需要考虑的东西太多了。所以，理顺思路就成了最重要的事情。

市面上讲思维导图的书已经有很多了，为什么我还要写这方面的书呢？这是我动笔之前思考最多的问题。我仔细地回忆了20多年来的工作经历，于是将这一问题的答案写成了这本书的绪篇。找准"为什么要推荐'思维导图'"这一切入点之后，剩下的问题就好办了，使用思维导图有什么好处、有什么误区、有谁用过、怎么用……这一系列问题就逐个确定了，这本书的提纲也就有了。每一个大点再逐级发散，整本书就有了具体的框架，写书之前最关键、最重要的一步到此就算是完成了。

每完成一次思维导图的制作，我都会拿起来认真欣赏一下，觉得这些画在纸上的成果能对流逝的时间有所交代，也是一件足以让人欣慰的事情。从动笔到完成，我制作这本书的思维导图大概花了45分钟的时间，虽然要考虑的东西有很多，但整个过程都井然有序、头脑不乱，这种感觉很好。

完成之后，我把这两张图拍了下来，发给了这本书的编辑，想和他交流一下思路，以便于我开展后续的工作。我做好了充足的思想准备去跟这位小伙子解释一下我的"杰作"，没想到他一看就明白了。我们多聊了两句题外话，结果发现，他在写东西前也习惯先借助思维导图进行构思。这种"一拍即合"的感觉让我很高兴，同时也更加坚定了我写这本书的决心。我相信一定有一批这样的普通人在使用思维导图，因此我才能刚好遇上一个，而这恰好也从侧面证明，思维导图真的有效果。

思维导图可以用来写信息量庞大的书籍，自然也可以用来写信息量小很多的文章，小篇幅的日记、记事、记录等更可以完全被思维导图代替，后面我也会简要提及。

最后，我在这里想简单介绍一个实用的写作提升技巧——积累剪报。我平时有用剪报积累素材的习惯，而且我觉得自己整理的素材本比微信、网络上提供的"收藏夹"更好用，因此即便是在微信、网络上读到的好文章，我也会打印下来然后夹在收藏本里，没事的时候可以翻一翻。积累是减少写作阻碍最见效的方法，正所谓读书破万卷，下笔如有神。在这个基础上使用思维导图进行写作构思，才能达到事半功倍的效果，否则巧妇也难为无米之炊。

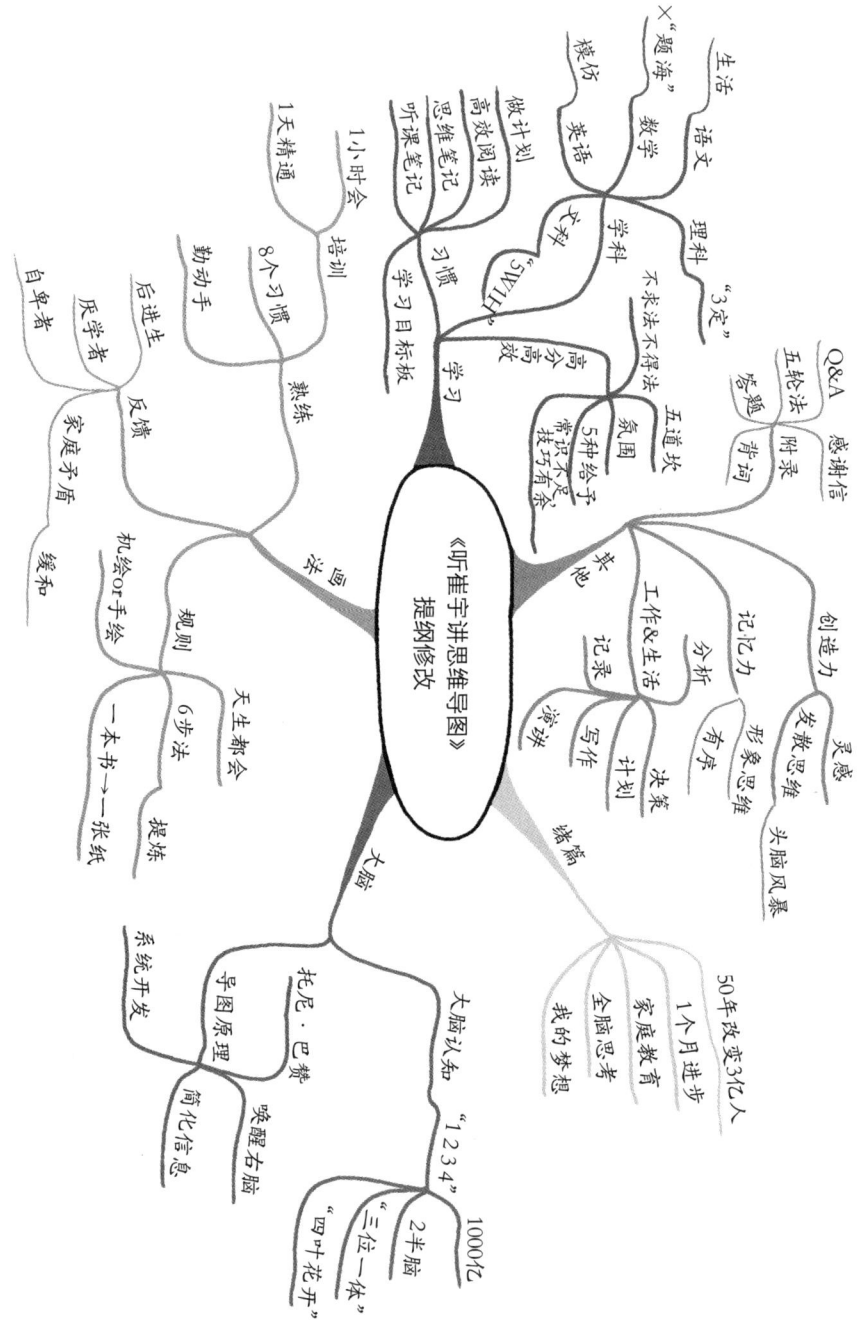

图4-10 《听崔宇讲思维导图》的框架沟通导图

像速记员一样做会议记录

如何快速、有效地记录下一个人的讲话内容，一直以来，人们都在苦苦探寻其中的方法，"速记"这门职业便应运而生。然而，速记是要经过专业训练才能形成的一种技能，其中的记录符号对于绝大多数人来说如同"天书"，需要长时间的"解码"才能还原成人们能够理解的语言。时至今日，这项技能主要的运用者还是专门从事会议记录的秘书或专职记录员，更多的普通人只会使用常规的记录法，运用即时记忆与短时记忆将听到的内容记录下来，如果遗漏了重要内容，则会在事后想方设法找他人对照补齐。

好在，现在有了录音设备与视频设备，拿着手机就能录下现场的内容，会后还能反复听，反复看。但是，一旦会议时间较长，这些设备因为内存满了、没电了、出故障了等问题"撂挑子"时，人们还是只能回到最原始的方法。而且我认为，录在手机中的那些音频、视频，很少有人会主动返回去听、看。

思维导图难以一字不落地记录下会议的全部内容，但却能很好地快速记录会议的框架与主旨，非常适合大多数人听讲座时使用，而且这项技能相对速记来说几乎没有难度。相对于传统笔记，思维导图也显得更有效果，不至于将大部分时间都化在"把笔记记得更完整"这方面，同时还能很好地展现整个会议的框架与逻辑关系，从而提升"听"的效果。可以说，在记录"鲜活"的信息上，思维导图的作用趋近于完美。

有些会议、报告会事先给与会者发放内容纲要，这对于用思维导图记录会议内容来说，无疑是锦上添花；主办方如果没有提供这些，也不会有多大的影响，毕竟简要地画线条、写关键词不会占用多少时间。

讲话中传达的信息大都转瞬即逝，因此在用思维导图记录时，最好画草样，自己能看懂即可，不要刻意追求信息的完整与画面的美观，因为这些并不重要。

用思维导图记会议内容，其实和前面提到的记听课笔记类似，但一般而言，会议主讲人、报告演讲者的讲话速度会比老师讲课要快，因此更要注重保持思维的清晰。有不少人跟我反馈，用思维导图记录信息的时候，经常会出现"记录的信息不知道如何与分支发生联系"的情况，这是很正常的，因为记录人与主讲人的想法一定是不一样的，而且在讲话的过程中，难免会出现遗漏、错误的情况。为了把这些因素给记录造成的影响降到最低，最好的办法就是在纸上专门留出一个空间，记录这些一时半会儿不知道安放在何处的信息。会议、报告结束后，或者在中场休息时再重新理顺思路，大脑也许会为这些无处安放的信息寻找到最合适的"归宿"。实在想不明白的地方，可以问问其他的与会人，或者在会后勇敢地向主讲人提问。不要担心主讲人会责怪你不认真听讲，相反，你的提问会让主讲人很高兴，因为他会觉得你在认真地听。与在现场走神、沉睡的听众相比，你就是支持他的思考者。

会上的时间紧迫，思维导图可能画得很随意。这没有关系，在会后的24小时之内，重新对整个内容进行整理即可。为什么要在24小时之内完成？因为根据人类的记忆遗忘曲线，这个时间段内，人类对信息还原的力度是最高的，你在看到思维导图的那一刻，回想起的是整个会议的现场；如果跳过这一步，一两个月后才看这张导图，你很可能就不认识它了。

导图日记：整理人生的新选择

你印象中的日记是什么样的？是不是第一行要写年月日、星期几、天气，必要时再拟个标题，然后从第二行起，用几段文字简述一下当天的事情？类似的还有周记。小学的语文老师都会建议学生坚持记日记、写周记，这是写作文起步阶段最佳的练习方式。词语的使用、语言的组织能力可以在这个过程中逐渐得到强化。

成人之后，有些人依旧有记日记的好习惯，这一点我是极力赞赏的。人在这一时期，语言组织能力已经成熟，能够自如地运用语言表达思想，写下的日记往往带有感悟、规划、总结的意味。我认为，用思维导图的形式来写具有规划、总结性质的日记也是一种创新，相对于传统的日记来说，这种形式更加省事、省力，而且一目了然。

托尼·巴赞先生对思维导图式的日记也总结了5点好处。

第一，它能成为一个全面的终生管理工具，可以随时记录、安排、调整自己的生活。

第二，它本身非常漂亮，能给人带来愉悦感，继而鼓励写作者坚持使用，形成好习惯。

第三，在绘制过程中，每一幅导图都使用了图形、色彩代码和导图的其他制作原则，让信息获取变得更加简单。

第四，能把经历过的每件事情放在一个特定的时间段中加以考量，继而权衡利弊得失，获得宝贵的人生经验。

第五，每年、每月、每日的记录方案可以使一年的回顾轻松易得，长期累积，相当于为记录者提供了一套完整、外化的人生资料。

如果你本身不是一个喜欢且擅长组织、计划生活的人，我更要推荐你使用思维导图来记日记，你很有可能因为这种新形式而形成一种好习惯，进而获得一段更有序的人生。对于习惯用线性文字记日记的人，我也不强求一定要改用思维导图的形式。

没有所谓最好的方法，只有最适合、最喜欢的方法。只要能收获更加美好的人生，线性日记和导图日记之间，又何必把界线画得那么清楚呢？

学 习 感 悟

附录

附录一　思维导图学习问答

在教学辅导之余，有不少学生、家长向我提出了这样或那样的问题。我从中挑选了10多个代表性较强的问题，在此将其分列出来，希望能给本书的读者带来一定的帮助。

Q：什么是思维导图？

思维导图是一种简单、有效、图文并茂的图形思维工具。它能把关键词与图像、颜色等有机连接，能直观展现各级主题之间的隶属与层级关系。思维导图充分运用了人类左右脑的机能，结合了记忆、阅读、思维的规律，能有效协助人们在科学与艺术、逻辑与想象之间取得平衡发展，从而激发人类大脑的无限潜能。

Q：我没学过思维导图，我真的可以学会吗？

有一种说法叫"1万小时理论"，只要付出了足够的时间，你就一定能学会思维导图。从我20多年来的教学经验来看，思维导图不难，100%都能学会。学会画导图只要1小时，深入掌握导图原理只要1天，做到熟能生巧、灵活运用至少需要1个月。不管是在家自学还是到我们和能教育参加培训，我都建议大家多实践、多画图。

Q：思维导图的思维原理是什么？

思维导图是英国著名心理学家托尼·巴赞于19世纪60年代发明的一种思维工具。它首次将"全脑"概念用于思维之中，充分调动了左脑在逻辑、顺序、条理、文字、数字等方面的处理能力，结合了右脑在图像、想象、颜色、空间、整体感等方面的处理优势，让思维、记忆、想象的综合能力有了极大提升，是一种全新的思维模式。

传统的思维方式要借助文字，是一种单向的、乏味的、低效的思维模式，很容易造成大脑"死机"。为什么游戏、电影、音乐等形式容易让大脑放松？就是因为它们大量运用了图像、色彩、空间感等元素，更符合大脑本身的思维习惯。我们使用思维导图，为的就是充分调动右脑潜能，以大脑更容易接受的方式去学习、工作、思考，从而提升与大脑对话的效果，让工作、学习等本身较枯燥的行为变得生动、有趣。

Q：为什么提倡用思维导图思考问题？

放射性思考是人类大脑的一种自然思考方式。任何一个词、概念都可以成为大脑思考的中心，由这一中心可以向外发散，形成新的节点，而这些节点又能在再次发散中成为新的思考中心……这种不断发散，最终将呈现出一个放射状的立体结构，从而丰富我们的认知。

思维导图的本质也是一种放射性思考的方法，而且它能将这些想法通过文字、图形、色彩具体化。长期用思维导图思考问题，能强化大脑思考的逻辑、拓宽思考的维度，从而激活大脑的潜能。

Q：我的孩子读高中了，以前没用过思维导图辅助学习，现在用来得及吗？

思维导图是一种学习方法，与其他的学习方法在本质上是相同的。我们的学员中就有不少孩子是从高中阶段才开始接触思维导图的。通过系统学习，这些孩子的学习成绩都有显著提升。高中阶段学习压力更大，我建议报名参加我们的导图学习课，快速上手、迅速使用。

Q：我已经习惯使用线性笔记很多年，这对学习思维导图有影响吗？

没有影响。如果觉得直接使用思维导图比较困难，可以先将线性笔记转化成思维导图，找到绘制导图的感觉，然后再按照书中的方法多画图、多练习。要相信自己能学会导图，毕竟这是一件轻松而有趣的事情。

Q：思维导图一定要画得五颜六色吗？

是否绘制成五颜六色的导图，取决于你为什么制作思维导图。绘制快速、迷你的思维导图，使用单一的颜色更加高效；用于传真、复印的导图，使用单一的深色绘制也更为适合；用于计划、提纲等的思维导图也适合素色。但是，如果是用于长期保存的笔记，在时间充裕的情况下，我建议画成五颜六色会更好，因为学习的过程是枯燥的，加入适当的颜色能让人赏心悦目，可以提高记忆的效率和大脑的活性。

Q：绘制思维导图时，颜色用在导图的哪些部分比较合适？

这个没有硬性的规定，为了突出、区分、关联、强调，抑或者是为了美观，只要自成系统，随心所欲就好，如可以使用不同的颜色来区分分支，区分内容的层级，标记出特别重要的关键词，用来表示不同分支上相关联的内容等。

Q：如何用思维导图整理资料？

思维导图是一种典型的中心发散层级结构图，这种结构可以直观地展示各部分间的相互包含关系。用思维导图整理资料时，只要遵循"由大到小""由属到种"的关系，即便是海量的信息，也能进行有序归类。

比如，用思维导图整理文章信息时，导图的中心就是文章的中心，导图的分支就是文章的主要观点，细分的分支就是具体细化的内容，直至具体的时间、地点、人物等细节信息。经过思维导图的整理，一篇文章的脉络就能非常清晰地展现出来。

Q：用思维导图辅助记忆真的有效吗？

思维导图帮助记忆主要表现在两方面：一是用思维导图整理内容，能抓住重点并把逻辑整理清楚，进行逻辑记忆；二是用思维导图的各种右脑元素进行辅助记忆，如颜色、图像、符号、空间感等。

一篇文章的内容往往很多，重点不突出，逻辑不明显，需要不断阅读理解才行，而且理解后不直观、较难记忆。通过思维导图的解构，文章的重点在纸上一目了然，对于理解和记忆都很有帮助，加上导图中往往有较多的图像和颜色，能够将大量信息转化为右脑更擅长记忆的图像，相当于降低了记忆的难度。

Q：我画图画得不好，能不能多写文字不画图？

我提倡在思维导图中使用图片，目的在于让我们的右脑能够充分发挥形象记忆的优势，减轻记忆负担，提升记忆效果。思维导图的首要功用是帮助我们理解、记忆、分析，以实用的功能为主，好看是相对次要的属性。

一般说来，只要自己能看懂的思维导图就是好思维导图，用来分享、展示的思维导图才要追求极致的视觉美观。我相信，只要思维导图画得多，画图的水平也会有所提升，思维导图的整体效果也会越来越好。在这个问题上，千万不要本末倒置。

Q：思维导图究竟有什么好处？

思维导图的好处有很多，它可以帮助我们组织计划、锻炼思维、辅助分析、强化注意力、节约时间、提高效能等。这些好处已经有无数人体验到了。在半个多世纪的时间里，全世界已有3亿人因思维导图而获得了改变，我教过的学员中因使用思维导图而提高成绩、提高工作效率、升职的例子也非常多。思维导图具体有多好，我觉得最佳的答案，只有通过自身的实践才能得出。

Q：思维导图的应用领域都有哪些？

思维导图可以用于生活、学习和职业中的任何一个领域。

（1）生活应用举例：制订计划、总结经验、分析解决问题等。

（2）学习应用举例：归纳知识、快速阅读、记笔记、写报告、写论文、做演讲、准备考试、分析难题、辅助思考等。

（3）工作应用举例：制订计划、项目管理、人际沟通、组织会议、参加培训、商务谈判、面试准备、绩效评估、头脑风暴等。

通过半个多世纪的实践，思维导图在这些方面都有用武之地，能够极大地提高效率，达到事半功倍的效果。

Q：世界上有哪些机构在使用思维导图？

就目前来说，思维导图在文化、教育、科技、商业、金融、工业、行政等领域的企业、组织中都有运用。惠普、波音等世界知名企业都将思维导图应用到了具体的管理之中。家喻户晓的小说《哈利·波特》就是作者罗琳用思维导图演绎出来的。英国、美国、澳大利亚、新加坡等许多国家都在普及应用思维导图，并将其作为教育改革、提高教学效果的策略之一。其中，新加坡已经将思维导图作为从幼儿园至大学的必修课程之一，美国许多学校的教师都使用思维导图来制作教案，不少参加国际学术会议的专家学者也将思维导图应用到了会议报告中。

可以说，"思维导图"是通向未来的一种有效的工具，在信息爆炸的今天，我们应当学会使用思维导图来为自己吸纳信息、储备知识。

Q：思维导图又要画图、又要上色，我觉得这都是花时间的事情，为什么却说它能"节约时间"？

我们平时做的线性笔记，大都使用的是表意完整的句子，而思维导图中的文字多为关键词，首先在书写上就节约了大量的时间，富余下来的时间可以供我们思考。另外，思维导图的提炼过程也是"抓重点"的过程，这能让我们直观地把握中心，更加集中注意力，提升了对时间的利用率。

画图、上色的过程其实是辅助记忆的过程，记笔记最终就是为了掌握知识，因此这个时间不能只算记笔记的时间，还要算上将知识整体记下来的时间。思维导图能充分发挥右脑优势，通过颜色、图像快速理解记忆，大大提升了记忆效果，缩短了记忆时间。

因此，如果说画一张精美导图和记一份完整笔记的时间相差无几，那么在记忆效率上，思维导图节约下来的时间则是传统线性笔记所不能比拟的。

Q：我习惯了用软件画思维导图，平时拿手机、平板电脑就能完成，上了您的课后，听您说最好用手画思维导图，我需要改变自己的习惯吗？还有，手绘导图真的是最好的方案吗？

思维导图到底是用手绘好，还是用软件画好，这个问题被讨论过很多次，一直以来也没有定论。其实，我认为最好的答案就是"看个人""看情况"。

手绘导图和软件画图，说白了，就是画图方式的差异，没有绝对的孰优孰劣之说。

手绘的优点是随时随地都能画、上手快；缺点是容易丢失、修改困难、不便于分享交流，写字、画画不好看的人也比较容易对手绘导图产生抵触心理。

软件绘图基本上能克服手绘导图的缺点，但因为缺失了笔头创作的过程，记忆效果相对来说没有手绘导图好，而且创作形式也不如手绘导图灵活。

萝卜白菜，各有所爱。手绘更好还是软件绘图更好，这要看自己的情况。不管是习惯手绘，还是习惯软件绘图，重点不在于采取哪种形式，而在于是否坚持使用。我推荐手绘，是因为多年以来我已经养成了这种习惯，拿起笔更容易找到感觉；习惯了软件绘图的人，也没有必要强迫自己改用手绘。

Q：您有没有夸大思维导图的作用？（我认为，这是提问的问题中，最"犀利"的问题之一）

首先，我说思维导图是一种神奇的工具，是基于客观事实的数据、我个人的使用体验，以及我20多年教学以来接收的无数家长、教师、学生的反馈。能在半个多世纪改变3亿人，能让成千上万的学员拍手称好，我认为它对得起"神奇"这两个字。

其次，思维导图作为一种实用工具，需要熟能生巧。很多只画过一两张导图的人就草草地下结论，说思维导图没有什么用，我认为这些意见没有什么参考价值。没有深入体验，怎能知道其中的奥妙？

最后，思维导图好用、有效，但也不是一种万能工具，不要过于高估它的价值，更不要对它形成依赖心理，任何问题都拿来用。思维导图的结构，本质上是一种树形结构，用它机械套用世间万物丰富多彩的联系，本身也是违背唯物论的做法，无法正确地认识世界。平时还是要多从问题的本质进行思考，思维可视化的形式本身应该丰富多彩，不应全盘陷入思维导图的模式之中。

好钢要用在刀刃上，让思维导图在它擅长的领域发挥神力，这才是最好的处理方案。

附录二　思维导图的"五轮备考法"

考试的成败在于备考。五轮备考的复习模式能够基本覆盖知识点，让考生"从容应战"。

第一轮：查漏补缺，夯实基础知识

（1）开启这一轮复习之前，首先要把过去画的思维导图全部找出来备用。

（2）把以前在学习过程中使用的作业本、练习册、考卷、教科书等相关资料找出来，挑出错题、模棱两可的题、没有领悟透彻的知识点，逐个击破，查漏补缺，夯实基础。

（3）每一个出问题的点都要回到思维导图的知识网络中落实，让错题与相关的知识点紧密相连，弄清楚出错的真正原因。

（4）顺着思维导图的脉络复习，重点突破薄弱环节，遇到障碍及时回归书本，在脑海中进一步理顺知识脉络，强化导图与书中知识的联系。

第二轮：打好基础，强化基础知识理解能力

（1）学习有"3基"，即基本知识、基本方法和基本技能。要会用思维导图从全局角度审视基础知识的掌握情况。

（2）理科生要对"3定"内容记得准、用得活，温习书中的例题、练习题、复习题，做到触类旁通、举一反三。文科生则要对"5W1H"的内容进行全面理解，打通知识前后的联系，进行引申扩展。

第三轮：抓好专题归类，提高系统知识解题能力

（1）专题复习总体要在老师的安排下进行，通过老师精讲、考生多

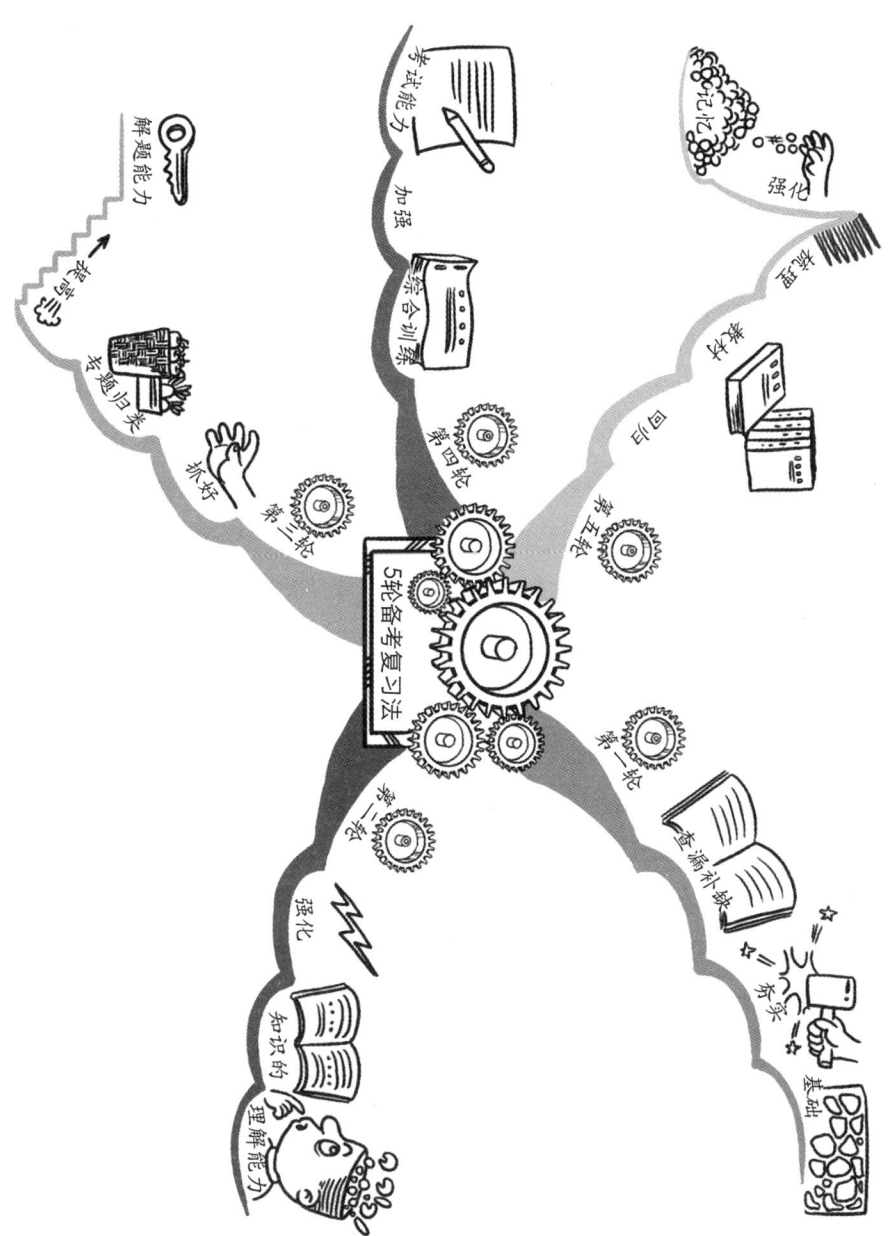

图附1 五轮备考复习法

练来完善知识系统，提升解题能力。

（2）专题复习涉及的知识往往横跨几本书，需要对新旧知识进行衔接。如果以往没有绘制这一类的思维导图，此时应当补上；如果已经绘制，则要根据复习的内容及时补缺、更新。

第四轮：抓好综合训练，提升备考能力

（1）进入这一阶段，思维导图应该已经深入心中，即做到"手中无图，心中有图"。

（2）在这一基础上，结合考试大纲进行做题综合训练，强化知识运用，提升解题技巧。

（3）新产生的错题要及时反省，如果还有系统性的知识缺口则要在第一时间突破。

第五轮：做好知识梳理，回归教材，强化记忆

（1）最后一轮复习是与考场考试能力相接轨的复习，应该安排在考前一个月进行。

（2）这段时间应该注重知识梳理，将自己在前四轮完成的所有笔记、训练题、作业题，分科、分章、分单元及按知识体系整理出来，同时将相应的思维导图归类到位，一并有序地按学科摆放在书房内。一有问题，随时比对核查。

（3）坚持按照考试时间做题，不要做偏题、怪题，不要超量做题，培养临考状态。

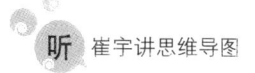

附录三 用思维导图巧解主观题

主观题是考试中非常常见的一种考核方式。这类题目不仅要求考生能回忆起所学的内容，还要求考生结合自身储备的其他知识进行综合解答，以体现考生对某项知识理解的深度和广度。这类题型在高中、大学、研究生，以及更高级别的专业考试中极为常见。

这类考题没有严格意义上的标准答案，评卷老师主要希望通过这类题型，了解考生思考和判断的能力。因此，思路清晰、基础扎实的考生往往能在这类题目中获得高分。

使用思维导图解答主观题是一种很好的方式，具体需要注意四大方面的问题。

第一，仔细审题，把握中心。

一些论文式的主观题，题目文字较多，应答知识的容量较大，题分一般都较高，答题时一定要注意认真审题，准确理解题意。确定问题中心后，即在空白处简要写下，后续作答都不能逃脱这一中心，与中心不相关的文字都不要出现。

第二，草拟提纲，纲举目张。

这一过程其实就是由题目中心"定顺序""理分支"，明确最核心的几个观点，做到层次分明、条理清楚，避免盲目提笔带来的漏答、错答等问题。

第三，言简意赅，观点先行。

确定观点后，就是组织语言的问题了。

回答论述题一定要直截了当，开门见山。评卷老师一般喜欢的是思路清晰、言简意赅的答卷，不要刻意将试卷写得满满当当，更不要相信

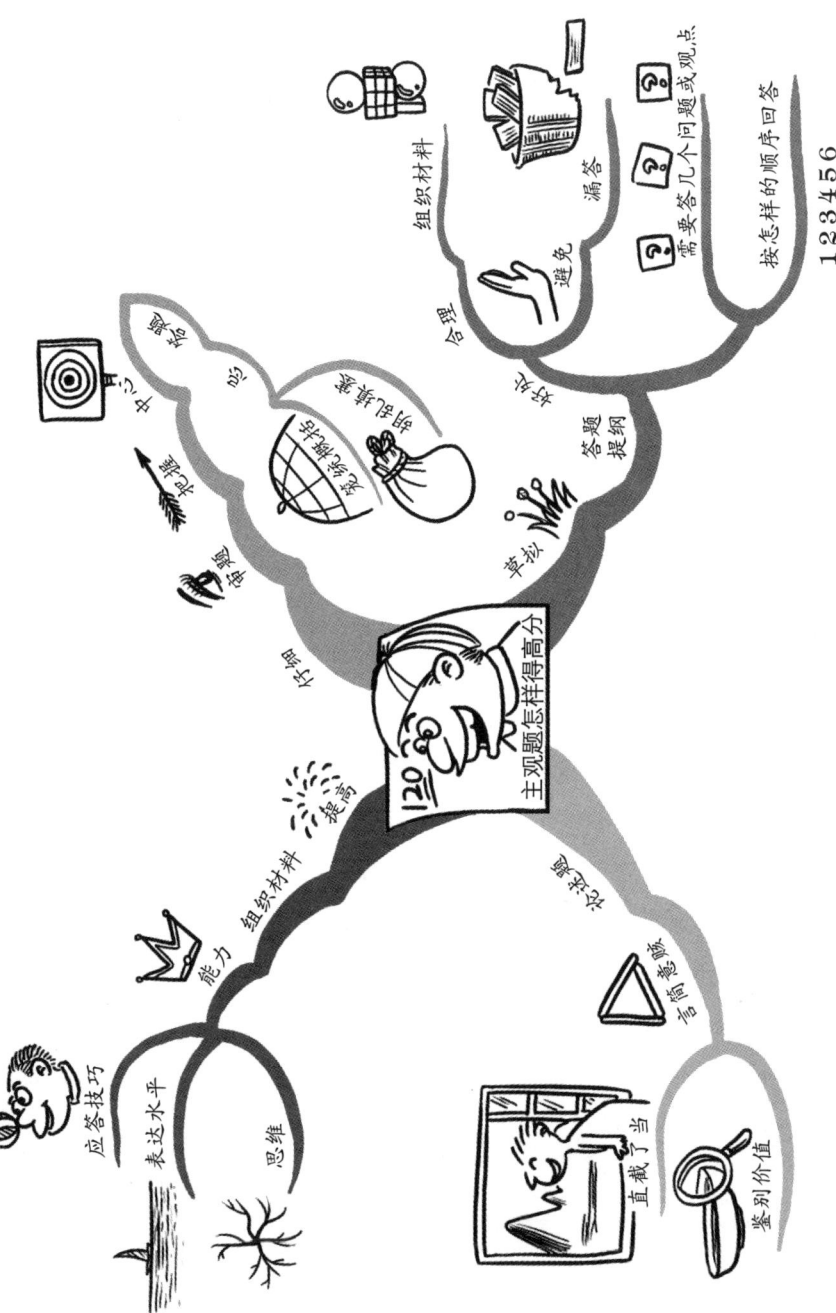

图附2 主观题怎样得高分

"写满了多少都能给点分"的观点，因为这种"辛苦分"老师给了是情分，不给是本分。

第四，储备材料，勤于练习。

要想组织好材料，提高自己的答题能力、答好题，平时还是要多下功夫、注意积累。很多同学平时做练习，一看到是论述题就直接跳过，这是不对的；一些文科同学到考试结束时还有几道问答题没有完成，这往往也是因为平时练习过少，所以一到考试受到时间有限、思维紧张等临场因素的影响，降低了做题效率。

附录四　用思维导图巧记单词

在学习英语时，很多人都在为一个问题发愁——怎样才能更好更快地记住更多的词汇。在这里，我提供一种用思维导图巧记单词的方法供大家参考。

整理多义词

我们在英语词汇的学习中，往往会遇到大量的多义词。对大多数学习者来说，记住单词一个常用含义并不难，难的是记住每一种用法。很多人即便遇到了同样的单词，换了一个语境，就不知道是什么含义了。从长远来看，这对英语的学习非常不利。

在多义词学习上，引入思维导图是一个好方法。例如，buy（买）这个单词可以作为及物动词和不及物动词来使用，还可以作为名词来使用。词性不同，意义和搭配用法也就随之不同。我们可以据此画出"buy"的思维导图，帮助我们归纳出字典中获得的信息，进而用一种更加灵活的方式来学习单词。这样不仅可以节省我们学习单词的时间，还可以提高学习的效率，提高学习的主动性与兴趣。

将词缀、词根分类记忆

词缀法是在英语词根的基础上添加词缀的方法，很多英语单词都是这样派生出来的。比如"-er"可以表示"人"，这类词有driver（司机）、teacher（教师）、laborer（劳动者）、runner（跑步者）、skier（滑雪者）、swimmer（游泳者）、passenger（旅客）、traveller（旅游者）、learner（初学者）、lover（爱好者）、

worker（工人）等。

英语中有很多词缀、词根，"-er"只是其中之一。如果熟练掌握了英语常用词汇与词根的意义、用法，扩大英语词汇量就会容易很多。我们需要做的就是利用思维导图将词缀、词根进行归纳、分类，不断地用分支的形式表示出来，并进行发散、扩展，达到系统辨析、记忆的目的。

根据语义场，在比较、归纳中学习词汇

语义场是由物理学中"场"的概念延伸而来的，指语义的类聚，它也是一种分类的方法。所有词汇都不是独立存在的，它们都有着各自所归属的领域或范围。那些共同拥有某种特征的词语就可以被组建成一个语义场。例如，在chicken（鸡）这一语义要素的支配下，rooster（公鸡），hen（母鸡），chick（小鸡）就构成了一个语义场；类似的，在animal（动物）这一语义要素的支配下，上面的chicken和sheep（羊）、dog（狗）及horse（马）等词语就共同组成了新的语义场。将这些关系用思维导图表现出来，我们就能更好地把握住词语的特点，从而更加清楚地掌握它们。

同义词、近义词、反义词的学习也可以参照语义场归类的方式进行，这样做的好处在于，既能在宏观上把握这些词语的联系，又能从细微处辨别它们的差异。

词汇的学习不是一蹴而就的，要做好长期学习的准备。离开了实践，任何方法都不会彰显它们的神奇。